REGLEMENS
ET STATUTS
GENERAUX

POUR LES LONGUEURS, LARGEURS,
& Qualitez des Draps, Serges & autres Etoffes de
laine & de fil; Et pour la Jurisdiction des Procez &
differens concernans les Manufactures, attribuée
par le Roy aux Maire & Echevins des Villes que Sa
Majesté veut être observez par toutes les Villes,
Bourgs & Villages de son Royaume.

aouf 1669

A PARIS,

Chez {
PIERRE LE PETIT,
IACQUES LANGLOIS,
DAMIEN FOUCAULT, &
SEBASTIEN MABRE CRAMOISY,
} Imprimeurs
ordinaires
du Roy.

M. DC. LXIX.
Avec Privilege de sa Majesté.

226

REGLEMENT POUR LA

Jurifdiction des Procez, & differens concernant les Manufactures, attribuée aux Maires & Echevins des villes, ou autres faifans pareille fonction.

LOUIS par la grace de Dieu Roy de France & de Navarre. A tous prefens & à venir, SALUT. Les Ouvriers des Manufactures d'or, d'argent, foye, laine & fil, & des teintures & blanchiffages, s'étans beaucoup relâchez, & leurs ouvrages ne fe trouvant plus de la qualité requife, Nous aurions, pour les rétablir dans leur plus grande perfection, fait dreffer des Statuts & Reglemens dans plufieurs Villes & principaux Lieux, où les établiffemens en ont été faits. Et d'autant qu'il peut naître des differens entre les Marchands & les Ouvriers employez aufdites Manufactures, fur le fait d'icelles & defdits Statuts, dont la pourfuitte les diftrairoit de leur travail, s'ils n'étoient traitez fommairement, & pardevant des Juges, qui ayent une connoiffance particuliere de cette matiere: Nous avons jugé à propos d'y pourvoir par un Reglement general & de faire expedier nos Lettres à ce neceffaires. A CES CAUSES, de l'avis de noftre Confeil, & de nôtre certaine fcience, pleine puiffance & autorité Royale, Nous avons dit, ftatué & ordonné, & par ces prefentes fignées de nôtre main, difons ftatuons & ordonnons, voulons & Nous plaît, que les Maire & Echevins, Capitouls, Jurats & autres Officiers ayans pareille fonction dans les Hôtels de Ville de nôtre Royaume, connoiffent en premiere inftance & privativement à tous autres Juges, de tous les differens meûs & à mouvoir entre les Ouvriers employez aufdites Manufactures, & entre les Marchands & lefdits Ouvriers, pour raifon des longueurs, largeurs, qualitez, vifites, marques, fabriques ou valleur defdits ouvrages & Manufactures d'or, d'argent, de foye, laine & fil ; des qualitez des laines, teintures & blanchiffages, même des falaires des Oüvriers employez dans lefdites Manufactures, jufques à la fomme de cent cinquante livres, en dernier reffort & fans appel, & par provifion à quelque fomme que ce puiffe être ; nonobftant l'appel. Voulons que lefdits procez foient traitez fommairement, fans miniftere d'Avocats ny Procureurs, & à l'Audience ; fur ce qui aura été dit & reprefenté par la bouche des parties, & où il y auroit quelques pieces à voir, & que les differens fuffent de telle qualité qu'ils ne puffent être jugez fur le champ, les pieces feront mifes fur le bureau pour être les differens jugez fans apointement, procedures ny autres formalitez de juftice, & fans que pour quelque caufe que ce puiffe être, lefdits Maire & Echevins, Capitouls, Jurats & autres puiffent recevoir ny prendre aucuns droits fous pretexte d'épices, falaires ou vacations, ny les Greffiers aucuns autres droits, que deux fols feulement pour chacun feüillet des fentences qu'ils expedieront ; lefquelles fentences feront écrites en la forme & maniere portée par les Reglemens faits pour les Jurifdictions des Juges Confuls.

Connoîtront pareillement lefdits Maires, Efchevins Capitouls, Jurats & autres ayant pareille fonction, des comptes des Gardes & Jurez des Communautez defdites Manufactures, qui feront rendus en la prefence de l'un d'eux gratuitement & fans frais le tout à peine de concuffion.

Et pour faciliter l'expedition defdits procés, qui pourroient retarder par la multiplicité des Juges, Voulons qu'il n'y en puiffe avoir que fix au plus dans les grandes Villes, dont le Confeil fe trouvera composé de plufieurs Efchevins & Confeil de Ville, qui feront pris & tirez du corps d'iceux, & nommez comme les plus intelligens dans les Manufactures à la pluralité des voix, dont trois feront annuellement changez, & trois autres nommez, en forte qu'il y en ait toûjours trois anciens & trois nouveaux : Et à l'égard des autres Villes & principaux Bourgs, où lefdits établiffemens fe trouveront faits, il n'y en aura que deux, ou trois au plus, dont l'un fortira à la fin de chacune année, à la place duquel un autre fera nommé en forte qu'il qu'il y en ait toûjours un ou deux anciens & un nouveau.

L'un defdits Echevins nommez, fera actuellement Marchand, ou aura fait, pendant fix années au moins, la marchandife, à peine de nullité de fon élection.

Pourront lefdits Echevins nommez prendre les avis des Maîtres & Gardes Jurés en charge, des ouvrages defdites Manufactures, qui feront tenus de leur donner en perfonne, ou par écrit auffi-tôt qu'ils en feront requis, gratuitement & fans frais.

Seront tenus lefd its Echevins nommez, de juger & prononcer fuivant les Statuts & Reglemens de chacun métier dont il s'agira, fans que les peines portées par iceux puiffent eftre remifes & moderées, à peine d'en répondre en leurs propres & privez noms.

Seront lefdits Ouvriers & autres parties condamnées, contraints par corps au payement des fommes portées par les jugemens qui interviendront, nonobftant toutes lettres de répit, furfeances & defenfes qu'ils pourroient obtenir, que nous avons dés à prefent declarées nulles & de nul effet.

Faifons tres-expreffes inhibitions & defenfes à tous autres Juges, de connoître des fufdits differens, & aux parties de faire aucunes pourfuites pour raifon de ce que deffus, que pardevant lefdits Echevins, Capitouls, Jurats, ou autres ayant pareille fonction; à peine de nullité, caffation de procedures, defpens, dommages & interefts.

N'entendons neanmoins comprendre en ces prefentes noftre bonne Ville de Paris, ny déroger aux Edicts, Declarations & Reglemens faits en nôtre Confeil concernant l'élection & jurifdiction tant civile que criminelle des Prevoft des Marchands, Echevins & Juges confervateurs de la Ville de Lyon, pour le fait de la Police, des arts & métiers, commerce & Manufacture d'icelle, que nous voulons être executez felon leur forme & teneur.

Si donnons en mandement à nos amez & feaux Confeillers, les gens tenans nôtre Cour de Parlement à Paris, que ces prefentes ils ayent à regiftrer, & le contenu en icelles faire garder & obferver felon fa forme & teneur, ceffant & faifant ceffer tous troubles, & empêchemens qui pourroient être mis, & don-

B

nez, nonobstant tous Edits, Declarations, Reglemens, Arrests & autres choses à ce contraires, ausquelles Nous avons dérogé & dérogeons par ces presentes, aux copies collationnées desquelles par l'un de nos amez Conseiller & Secretaire foy sera ajoûtée, comme à l'original, CAR TEL EST NÔTRE PLAISIR. Et afin que ce soit chose ferme & stable, Nous avons fait mettre nôtre seel à cesdites presentes. Donné à S. Germain en Laye le   jour d'Aoust, l'an de grace mil six cens soixante-neuf, & de nôtre Regne le vingt-septiéme. Signé LOUIS, & plus bas, par le Roy, COLBERT. Et seellé du grand Seau de cire verte sur lacs de soye rouge & verte, & sur le reply est encore écrit

Leû, publié & regiftré, ouy, & ce requerant le Procureur General du Roy, pour être executé selon sa forme & teneur. A Paris en Parlement, le Roy y seant en son lit de Iustice, le treiziéme Aoust mil six cent soixante-neuf.

Signé DU TILLET.

Collationné à l'Original par moy soussigné Conseiller & Secretaire du Roy, Maison & Couronne de France.

STATUTS, ORDONNANCES ET

Reglemens pour les longueurs, largeurs & qualitez des Draps, Serges & autres Etoffes de laine & de fil, que Sa Majesté veut être observez par tous les Marchands Drapiers, Maitres Drapans, Sergers, Ouvriers & Façonniers des Villes, Bourgs & villages de son Royaume.

PREMIEREMENT.

Ous les Draps façon d'Espagne, blancs, gris & mélez seront faits de la largeur d'une aulne & demie avec les lizieres, lesquelles lizieres ne pourront exceder deux pouces de large, & la piece aura vingt-une aulne de long.

II.

Les Draps du sceau de Roüen, Darnatal, Dieppe, les seizains de Sastes & autres de pareille sorte & qualité, les serges à poil, serges de Segovie, serges de Beauvais à poil & à deux envers, serges de saint Lo, Falaise, & Vendôme, Estamets & serges de Dreux, de Neully, d'Orleans & de Troye, auront une aulne de large, & la piece vingt à vingt-une aulne de long.

III.

Les Draps blancs forts d'Elbœuf, de Romorantin, Bourges, Issoudun, Aubigny, Vierzon, S. Genoux, Laon, Salbry, Seignelay, & autres lieux, où il se fait de pareilles Marchandises, auront une aulne de large les lizieres comprises, & quatorze à quinze aulnes de long; & les sergers de Bery & Sologne, & les Draps de Reims, Chaalons, & Chartres, auront pareille largeur que lesdits draps, & seront de vingt à vingt-une aulne de longueur.

I V.

Les Draps de Châteauroux auront une aulne de large les lizieres comprises, & de dix aulnes & demie à onze aulnes de
long, dautant qu'ils se vendent à la piece.

V.

Les Draps blancs de S. Lubin, de Gisors & d'autres lieux
circonvoisins auront une aulne & un seize de largeur entre les
lizieres, & seront de vingt-huit à trente aulnes de long : & les
draps gris dudit S. Lubin & Gisors auront une aulne de large
les lizieres comprises, & vingt aulnes de long.

V I.

Les Draps de Dreux blancs & gris, de Vire, Dampierre,
Cervillé, Blevy, Argentan, Ecouché, Valogne, Cherbourg,
Verneüil au Perche, Senlis, Soissons, Meaux, Lisy, Meru,
Château-Renard, Château-Renaud, Fourcarmont, Ancennes,
Gamache, Auchy le Château, tant fins que moyens, auront
une aulne de large les lizieres comprises, & trente à trente-
deux aulnes de long.

V I I.

Les Ratines larges de Roüen, Dieppe, Beauvais & d'autres
lieux, auront une aulne & un tiers de large les lizieres comprises, & les étoites une aulne de large, & feront de quine à seize
aulnes de long; les demies pieces & les doubles pieces à proportion.

V I I I.

Les Serges rases de saint Lo, celles de Caën, Frêne, Condé
& Falaise, auront une aulne de large, & trente cinq à quarente aulnes de long.

I X.

Les Serges façon de Londres blanches, grises, & mêlées
qui se font à Seignelay, Abbeville, Reims, saint Lo, Gour-
nay & autres lieux auront deux tiers & demy de large, & vingt
aulnes de long.

X

Les Serges drapées larges, blanches & grises, de Beauvais,
Sedan & Mouy, seront sans lizieres, & auront une aulne de
large, & vingt aulne de long.

X I.

XI.

Les autres Serges moyennes de laine pure blanche & grifes de Mouy, Merlou, Meru, Sedan, Mezieres, Donchery, Tricot, Nantes, Boüilbecq, Haute-épine & d'autres lieux où il s'en fait de pareille forte auront deux tiers de large & vingt-une aulne de long, & celles qui ne feront pas de laine pure auront la liziere bleuë, & auront mefme longueur & largeur.

XII.

Les Serges d'Amiens façon d'Afcot blanches & de toutes couleurs auront une aulne de largeur, & vingt-une aulne de longueur.

XIII.

Les Serges façon de Chartres, appellez Serges à la Reine, auront demie aulne de largeur, & vingt-une aulne de longueur.

XIV.

Les Rafes façon de Chaalons auront demie aulne demy quart de large, & vingt-une aulne de long.

XV.

Les Serges façon de Seigneur auront trois quartiers de large, & vingt-une aulne de longueur.

XVI.

Les Serges appellées d'Ypre & d'Afcot feront d'une aulne de large, & vingt-une aulne de long.

XVII.

Les Serges de Colles cy-devant appellées façon d'Aumalle auront demie aulne demy quart de large, & vingt-une aulne de long.

XVIII.

Toutes fortes de Camelots, & même les Camelots de l'Ifle & fil retors auront demie aulne de largeur, & vingt-une aulne de longueur; & les larges auront trois quarts de largeur & vingt-une aulne de longueur.

XIX.

Tous les Baracans blancs, gris & mêlez feront de deux largeurs, fçavoir de demie aulne de large, & de vingt-une aulne de long; & de trois quartiers de largeur, & vingt-trois aulnes de longueur.

C

XX.

Les Etamines, Serges appellées de Rome croisées & lices, les Dauphines, les Indiennes, les Castagnettes, les Ferandines & Burails à contrepoil, les Marguerites, les Droguets blancs, gris & de toutes couleurs, auront demie aulne de largeur, & vingt-une aulne de longueur.

XXI.

Les Rases de Reims, de Chaalons & des lieux circonvoisins, blanches, grises & marbrées, auront demie aulne demy quart de large, & reviendront étant foulées à vingt aulnes & un quart, & jusques à trente aulnes de long; La Draperie desdits lieux se fera selon leurs Statuts.

XXII.

Les Etamines de Reims, Chaalons & des lieux circonvoisins, Nogent le Rotrou, Authon, Montmiral, Basoches, Lude & autres lieux, auront demie aulne de large, & onze à douze aulnes de long.

XXIII.

Les Frocs qui se fabriquent à Lizieux & Bernay en Normandie, auront demie aulne de largeur estant foulez, & auront vingt-quatre à vingt-cinq aulnes de longueur.

XXIV.

Les Serges de Chartres, d'Illiers, Nogent le Rotrou, Pontgoin & autres lieux des environs où il s'en fait de pareilles fines & moyennes, auront demie aulne de large étant foullées, & vingt aulnes & demie de long. Et la draperie de Chartres se fera selon ses Statuts.

XXV.

Les Serges d'Aumalle, Granduilliers, Feuqueres, & de tous les lieux circonvoisins, tant blanches que grises auront demie aulne demy quart de large, & trente-huit à quarante aulnes de long.

XXVI.

Les Serges de Crevecœur, Blicourt & de tous les lieux circonvoisins tant blanches que grises, auront sçavoir les larges demie aulne demy quart de largeur, & vingt aulnes & demie de longueur étant foulées; & les étroites auront demie aulne de large, & pareille longueur estant foulées.

XXVII.

Tous les Droguets blancs, gris mêlez, plains, rayez & façon-
nez qui se font dans tout le Royaume, de laine pure, & mêlez de soye ou de fil, auront demie aulne & un douze de large,
& trente-cinq à quarente aulnes de long.

XXVIII.

Les Tiretaines blanches & grises faites de laine & fil, auront trois quartiers de large, & trente-cinq à quarante aulnes
de long, le tout aulnage de Paris ; & les chaînes de toutes lesdites étoffes auront le nombre de fils suffisant & convenable
à leur largeur, pour les rendre de la finesse, bonté, & force requise à leur espece & qualité.

XXIX.

- Les Serges étroites de la ville de Roye auront deux tiers de
large, & vingt-une aulne de long ; & celles qui ne seront pas
de laine pure auront la liziere bleuë & même longueur & largeur que les susdites.

XXX.

Il ne sera desormais fait aucunes Etoffes de si petit prix qu'elles puissent être , par tel Drapant ou Serger, & par qui que ce
soit qu'elles n'ayent une demie aulne de large mesure de Paris.

XXXI.

Enjoint à tous les Maîtres Drapiers Drapans & Sergers de
faire les lizieres des draps de pareille longueur que l'étoffe, afin
que les draps & serges soient plus aisez à tondre, & qu'ils ne
soient mal unis ; & faire lesdites lizieres suffisamment fortes,
à ce qu'elles ne viennent à se déchirer en mettant les draps
seicher.

XXXII.

Toutes les Etoffes de laine & de fil de même nom , ou même *Vniform*
sorte & qualité, que celles cy-dessus ; & qui n'ont pû y estre spe-
cifiées , auront uniformément même longueur & largeur que
les susdites de leur sorte & qualité , dans toute l'étenduë du
Royaume ; & seront aussi lesdits draps , serges & autres étoffes
de même & uniforme force & bonté en toute la longueur &
largeur de la piece , sans aucune difference. Et ne pourront
les Tisserans & ouvriers ourdir les chaînes desdites étoffes, sinon aux largeurs cy-devant exprimées, ny employer des laines,

fils & autres matieres plus fines à un bout de la piece qu'en tout le reste de sadite longueur & largeur, le tout à peine de confiscation, & vingt livres d'amende pour chacune contravention.

XXXIII.

Pour faire soigneusement observer les longueurs & largeurs desdits Draps, Serges & autres Manufactures de laine & de fil cy-devant exprimées, quatre mois apres la publication des presentes, toutes les lames & rots des Métiers desdites Manufactures seront changez & remis à la largeur & grandeur cy-devant prescrite pour lesdites Manufactures. Et où il se trouveroit aucuns Métiers apres ledit temps passé qui ne fut de la susdite largeur, ils seront actuellement rompus pour êtré refaits à la susdite largeur & grandeur, & ceux ausquels ils appartiendront condamnez en trois livres d'amende pour chacun Métier.

XXXIV.

Les Corps & Communautez des Métiers de Drapier & Serger de toutes les Villes & bourgs du Royaume seront composez indifferemment de tous les Maîtres qui ont esté reçus ausdits Mestiers, ou qui les exercent en vertu des Lettres Patentes que sa Majesté & ses predecesseurs Rois leurs auroient accordées: En consequence de ce ils continueront l'exercice desdits Mestiers paisiblement & sans aucun trouble, à la charge de faire inscrire leurs noms & qualitez de Maîtres, tant sur les Registres des Juges des lieux, qui auront droit de connoître de la police desdites Manufactures, que sur celuy de leur Communauté, un mois apres la publication des presens Statuts & Reglemens ; faute de ce ledit temps passé ils ne pourront exercer la Maîtrise desdits Mestiers sans la permission desdits Juges de Police, ou sans faire leur aprentissage en la maniere qui sera dite cy-apres; & toutes autres personnes que les Maîtres desdits Métiers sans exception ne pourront s'immiscer de faire des Draps, Serges ny autres Etoffes, à peine de confiscation d'icelles, & de cent cinquante livres d'amende.

XXXV.

Pour maintenir les Maîres & Communautez desdits Métiers dans l'union & la bonne intelligence en laquelle ils doivent vivre, & pour tenir la main à l'execution des presens Statuts & Reglemens,

Reglemens, sera nommé par chacun an à la pluralité des voix, le même jour que lesdites élections ont esté cy-devant faites, & pour les lieux où n'en a esté fait à tel jour qui sera reglé par les Officiers qui ont droit de le faire, le nombre de Gardes ou Jurez desdits Métiers de Drapiers & Sergers qu'ils aviseront bon estre, eu égard aux lieux où se feroit lesdites élections; lesquels Jurez prêteront le serment pardevant lesdits Officiers, de bien & deuëment exercer leur commission pendant le temps d'icelle, qui ne pourra estre moins que d'une année; & lesdits Jurez sortans de charge, sera procedé à nouvelle élection d'autres Jurez en leur lieu, mais de maniere qu'il y reste toûjours deux anciens, ou un au moins pour instruire les nouveaux, & ainsi successivement d'année en année le mesme ordre sera toûjours observé. Et seront obligez lesdits Gardes ou Jurez de bien & deuëment faire ladite Commission, & fidellement faire leur rapport au Juge de Police des Manufactures de toutes les contraventions qui pourroient estre faites aux presens Statuts & Reglemens, à peine d'interdiction de ladite Commission & de la Maîtrise. Ne pourront les Maîtres, Compagnons & Apprentis desdits Mestiers s'assembler pour l'élection desdits Jurez, ny pour quelques autres affaires que se puisse estre s'ils n'en ont la permission des Officiers qui ont droit de la donner à peine de trente livres d'amende contre chacun des contrevenans, & de leur estre leur procez fait & parfait extraordinairement comme à des seditieux: Et lors que lesdits Gardes ou Jurez sortiront de charge, ils remettront entre les mains de ceux qui leur succederont tous les Registres & Papiers concernans les affaires de ladite Communauté.

XXXVI.

Les Aulneurs ne pourront aulner aucunes Marchandises, qu'elles ne soient marquées de la marque du lieu, & où le nom de l'ouvrier ne soit sur le chef & premier bout de la piece fait sur le mestier, & non à l'éguille, à peine pour la premiere fois de cinquante livres d'amande; & pour la seconde de pareille peine, & d'interdiction de sa fonction; ce faisant il sera commis en leur lieu par les Officiers de Police des Manufactures. *Aulneurs.*

XXXVII.

Les Aulneurs ne pourront estre Courtiers, ny les Courtiers *Aulneurs & Courtiers.*

D

ne pourront eftre Aulneurs, Commiffionnaires ou Facteurs, ny achepter ou faire achepter aucunes laines & Marchandifes defdites Draperies & Sergeteries pour leur compte, ny pour qui que ce foit, pour les revendre directement ny indirectement à leur profit, à peine de confifcation defdites Marchandifes, & de cent livres d'amende, & de privation de leurs fonctions.

XXXVIII.

Afin de pouvoir facilement connoiftre & diftinguer les Draps, Serges & autres Etoffes qui auront efté faites avant le prefent Reglement d'avec celles qui ne l'auront efté que depuis fa publication, & en conformité d'iceluy ; un mois apres la publication des prefentes les Officiers de Police des Manufactures affiftez des Maiftres & Gardes ou Jurez de la Draperie en charge feront fans frais une vifite generale dans toutes les Maifons, Magazins, Boutiques & Ouvroirs des Marchands, Façonniers & Ouvriers, mefme en celles defdits Gardes & Jurez en charge, & y marqueront d'une marque qui fera faite exprés tous les Draps, Serges, & autres Etoffes qu'ils y trouveront : En fuite dequoy la figure de ladite marque fera emprainte fur les Regiftres des Communautés des Drapiers & Sergers, puis mife en piece en prefence de tous ceux qui auront fait lefdites vifites, dont fera fait mention fur lefdits Regiftres : Et fera ladite marque differente de celles dont feront marquées les Etoffes faites en conformité du prefent Statut ; & autour d'icelle fera gravé le nom de la Ville, Bourg ou Village où lefdites étoffes auront efté faites, fans y pouvoir mettre le nom ny la marque d'un autre lieu : à peine de confifcation defdites Etoffes : Lefquelles Etoffes faites avant le prefent Reglement & non conformes à iceluy marquées comme dit eft, il fera permis aux Ouvriers & Façonniers qui en auront de les vendre & debiter pendant le temps de fix mois apres la publication des prefentes, fans toutefois qu'apres ledit temps paffé il leur foit loifible d'en plus vendre de cette qualité, à peine de confifcation, d'être les lizieres déchirées publiquement, & de cent livres d'amende contre l'achepteur pour chacune contravention.

XXXIX.

Tous les Draps, Serges & autres Etoffes seront veuës & visitées au retour du foulon par les Gardes & Jurez en charge, & par
eux marquées de la marque du lieu où elles auront esté faites,
si elles sont conformes au present Reglement: Et s'ils y trouvent
de la defectuosité ils les feront saisir, & en feront leur rapport
aux Juges de Police des Manufactures, pour en ordonner la
confiscation ainsi qu'ils adviseront bon estre: Et si elles n'a-
voient la largeur ordonnée par ces presentes, les lizieres en
seront déchirées publiquement. Et pour faciliter lesdites visites & marques desdites Marchandises, il y aura en toutes les
Villes, Bourgs & Villages du Royaume où lesdites Manufactures sont établies une chambre de la grandeur necessaire dans
les Hostels desdites villes, ou au Bureau des Communautez
dudit corps s'il se peut, ou autre lieu le plus commode, en laquelle chambre les Façonniers & Ouvriers seront tenus d'apporter leurs Marchandises pour y estre visitées & marquées,
comme dit est, aux jours & heures qui seront reglez, & arrestez
par les Juges de Police des Manufactures; & à cette fin lesdits Gardes & Jurez seront tenus de s'y rendre: Et si lesdites
Marchandises estoient portées en autres Villes pour y estre debitées, mesme celles des païs Estrangers sans exception, elles
seront directement déchargées dans les Halles ou autres lieux
destinez aux visites des Marchandises & non ailleurs (excepté
celles qui seront apportées aux foites) pour y estre aussi veuës
& visitées par les Maistres & Gardes de la Draperie desdites
Villes & par eux marquées si elles sont de la qualité requise,
& où elles ne le seroient, où qu'à celles Manufacturées en
France la marque du lieu où elles auront esté faites ny eust
esté apposée, ou que le nom de l'ouvrier fait sur le mestier &
non à l'éguille n'eust esté mis sur le chef, & premier bout des
pieces desdites Marchandises, elles seront saisies, & sur le ra-
port & à la diligence desdits Maistres & Gardes & Jurez la
confiscation en sera poursuivie pardevant les Juges de Police des Manufactures. Et ne pourront aucuns Marchands &
ouvriers exposer en vente, vendre ny achepter lesdites Marchandises, qu'au prealable elles n'ayent esté marquées, comme
dit est, ny les Gardes & Jurez des lieux où lesdites Marchan-

difes auront efté faites , ne les pourront marquer d'autre marque que de celle defdits lieux , le tout à peine de confif-cation defdites Marchandifes , & de plus grande peine s'il y échet. **XL.**

Foires. Lefdits Draps , Serges & autres Etoffes de laine & de fil qui feront apportées aux Foires y feront veuës, vifitées & mar-quées par les Maiftres Gardes & Jurez de la Draperie du lieu où fe tiendront lefdites Foires, & en fera ufé comme il eft dit en l'article cy-deffus fur les peines y contenuës.

XLI.

Laines. Les laines deftinées pour eftre employées aufdites Manufa-ctures feront veuës & vifitées par les Gardes & Jurez en char-ge , & jufqu'à ce-ne pourront eftre expofées en vente ; ne pour-ront encore ceux aufquels elles appartiendront les moüiller ny mettre en lieu humide ; ny auffi méler enfemble les laines de differentes qualitez , attendu que les unes foulant moins que les autres , tel mélange rend le Drap creux & imparfait en fa fabrique ; mais feront lefdites laines d'une mefme qualité em-ballées feparément , le tout à peine de cent livres d'amende pour chacune contravention.

XLII.

Halles. Les Gardes & Jurez de la Draperie & Sergerie en charge tiendront les Halles, & autres lieux deftinez aux vifites des Marchandifes , bien clos & fermez pour la feureté defdites Marchandifes, qui y feront déchargées à peine de répondre en leurs privez noms des pertes qui en pourroient arriver, & fera tenu bon & fidel Regiftre par lefdits Gardes & Jurez , ou leur prépofé de toutes les Marchandifes qui y auront efté déchar-gées, des noms des Marchands aufquels elles appartiendront, du jour defdites décharges, & de celuy qu'elles leur auront efté renduës en payant un fol pour piece feulement pour fubvenir aufdits frais , fans que ledit droit puiffe eftre augmenté pour quelque caufe que ce foit.

XLIII.

Les Marchands & Ouvriers feront tenus de fouffrir les vi-fites des Gardes & Jurez, & s'ils en font refufans , pourront lef-dits Jurez fe faire affifter d'un Officier de juftice pour leur donner ayde & main forte contre les contrevenans.

XLIV.

XLIV.

Et parce qu'il arrive souvent des contestations entre les Marchands, les Façonniers & les Aulneurs à cause que l'aulnage des Draps & Serges larges se fait avec poulce & évant au bout de l'aulne, & qu'il se donne encore 21. aulne & un quart pour vingt quelquesfois plus, quelquesfois moins; ce qui se pratique differemment en plusieurs lieux, quoy que la maniere des aulnages doive estre uniforme dans tout le Royaume; seront à l'avenir toutes sortes de Marchandises aulnées bois à bois justement & sans évant, & ne pourront les aulneurs en user autrement, à peine de cent livres d'amende pour chacune contravention. Et pour les Draperies dont l'usage est de donner par le Façonnier au Marchand achepteur un excedant d'aulnage pour la bonne mesure, ledit excedant ne pourra estre pour ce regard seulement que d'une aulne & un quart au plus sur vingt-une aulne & un quart, vulgairement appellé vingt-un & un quart pour vingt, & des demies pieces à proportion, sans que les Marchands en puissent prendre ny recevoir d'avantage, ny étendre ledit excedant d'aulnage sur les autres Marchandises, pour lesquelles n'en a jusqu'à present esté donné, le tout à peine aussi de cent livres d'amende pour chacune contravention.

XLV.

Seront tenus les Marchands Drapiers des Villes & Bourgs du Royaume qui auront achepté des Marchandises des Drapiers Drapans & Sergers, soit aux Halles ou aux Foires & autres lieux de faire & arrester leurs comptes dans deux ou trois jours au plus tard, apres la vente & delivrance desdites Marchandises, à ce que le retard qu'ils en feroient ne puisse prejudicier ausdits Drapans & Sergers, à peine en cas de retard de quarante sols pour chacun jour de sejour desdits Drapans & Sergers, depuis la protestation qu'ils en auront faite jusqu'au jour de l'arresté du compte.

XLVI.

Et à l'égard des Maistres, Compagnons & Apprentis du Mestier de Drapier & Serger, il en sera usé dans les Villes & Bourgs du Royaume suivant & conformément aux Statuts particuliers homologués au Conseil Royal de Commerce qui

E

leur ont eſté donnez : & quant aux autres Villes & Bourgs, où il n'a eſté donné aucuns Statuts particuliers, l'ordre preſcrit par les Articles ſuivans pour les Maiſtres, Compagnons & Apprentis Drapiers & Sergers y ſera en tous leſdits lieux ponctuellement obſervé.

XLVII.

Apprentis. Aucun ne pourra eſtre receu à la Maiſtriſe qu'il n'ait fait apprentiſſage chez un Maiſtre dudit Meſtier, & demeuré actuellement au ſervice de ſon Maiſtre; Sçavoir pour les Drapiers l'eſpace de deux années entieres & conſecutives, & pour les Sergers trois années auſſi entieres & conſecutives, dont ſera paſſé Brevet pardevant Notaire, qui ſera enregiſtré ſur le livre de la Communauté : & ne pourra aucun Maiſtre prendre plus de deux Apprentis, ny leſdits Apprentis s'abſenter de la maiſon de leur Maiſtre pendant le temps de leur apprentiſſage ſans cauſe legitime & jugée telle par le Juge de Police : Et en cas de contravention permis à leurs Maiſtres de les faire arreſter en vertu des Preſentes, pour leur faire parachever leur temps, ſinon les ſommer de ce faire : Et apres avoir attendu un mois pourront les faire rayer ſur le Regiſtre de la Communauté, & en prendre d'autres en leur place, ſans qu'apres cela leſdits Apprentis qui auront quitté puiſſent ſe prevaloir du temps qui ſe ſera écoulé pendant leur abſence & premier apprentiſſage, & ſauf auſdits Apprentis à s'obliger de nouveau à un autre Maiſtre pour le meſme temps que deſſus. Ne pourra le Maiſtre congedier ſon apprenti ſans cauſe legitime jugée telle par ledit Juge de Police, ny en prendre un autre s'eſtant abſenté que le mois cy-deſſus ne ſoit expiré, à peine de trente livres d'amende. Et arrivant qu'aucun Maiſtre vint à s'abſenter de la Ville où il faiſoit ſa demeure, & ceſſer ſon travail, il ſera pourveu d'un autre Maiſtre audit apprenti un mois apres. Ne pourront les Maiſtres dudit meſtier débaucher ny attirer chez eux l'Apprenti ou Compagnon d'un autre Maiſtre, ny luy donner de l'employ directement ny indirectement, à peine de ſoixante livres d'amende.

XLVIII.

Chef d'œuvre. L'apprentiſſage eſtant fait, l'aſpirant à la Maiſtriſe fera ſon chef-d'œuvre, & eſtant jugé capable, il ſera receu à ladite

Maiſtriſe, & ſes Lettres de reception luy ſeront délivrées en
payant ſix livres pour tous droits, ſans faire aucun feſtin, &
les Jurez dudit meſtier, & tous autres n'en pourront reçevoir
ny aucun don ny preſens, devant, pendant ny apres ledit chef-
d'œuvre, ny ledit aſpirant leur en donner, à peine de ſuſpenſion
de ladite Maiſtriſe pour un an, & de cent livres d'amende contre chacun des contrevenans, dont ſera delivré executoire
par le Juge de Police, apres la preuve ſommaire qu'il ſera tenu
d'en faire ſur la plainte ou denonciation qui luy en aura eſté
faite : & s'il arrivoit conteſtation pour la reception dudit chef-
d'œuvre, il ſera veu & viſité par le Juge de Police, ou autre
par luy nommé ou commis pour cet effet.

XLIX.

Les fils de Maiſtres ſeront receus à ladite Maiſtriſe pardevant le Juge de Police en la maniere accouſtumée, faiſant
une experience en preſence des Jurez en charge, & ayant l'âge
de ſeize ans accomplis, & non moins.

Fils Maiſtre

L.

Les vefves des Maiſtres dudit meſtier pourront tenir Ouvrois & faire travailler chez-elles, tout ainſi & de meſme que
pouvoient faire leurs deffunts maris, ſans qu'elles puiſſent aſ-
ſocier perſonne avec elles, ſinon les Maiſtres dudit corps, ny
faire aucuns apprentis, mais ſeulement pourront faire parachever en leurs maiſons les apprentiſſages commencez & paſſez avec leurs maris ; & en cas que leſdites vefves quitaſſent
ledit meſtier, elles ſeront tenuës de remettre les Brevets des
Apprentis entre les mains du Juré en charge, pour leur eſtre
pourveu d'un autre Maiſtre, & achever de le ſervir le temps
porté par leſdits Brevets ; Et ſi leſdites vefves & filles de Maiſtres épouſent un compagnon, il ſera affranchi du temps qu'il
ſeroit obligé de ſervir les Maiſtres ſuivant les preſens Statuts &
Reglemens, en faiſant neantmoins le chef-d'œuvre lors de ſa
reception à la Maiſtriſe, & ne payera autres droits que ceux
que payent les fils de Maiſtres.

Vefves Filles d Maiſtre

LI.

Sera le nom des Maiſtres Ouvriers & Façonniers mis ſur le
chef & premier bout de chacune piece deſdites Marchandiſes,
fait ſur le meſtier, & non à l'éguille, à peine de douze livres

Nom ſ l'ouvrie

d'amende pour chacune piece où ledit nom n'aura esté mis.

LII.

Tirage s Marchandifes.

Les Maiftres Drapiers, Sergers, Ouvriers, Foulons, & autres, ne pourront tirer, alonger ny aramer aucune piece de Marchandise, tant en blanc qu'en teinture, de telle sorte qu'elles se puiffent racourcir de la longueur, & étreffir de la largeur, à peine de cent livres d'amende, & de confiscation de la Marchandise pour la premiere fois ; Et en cas do recidive, d'eftre décheu de leur Maiftrise.

LIII.

ondeurs.

Ne pourra eftre employé aucunes graiffes appellées flambart pour l'enfimage des Draps & Serges ; mais feulement du fain-doux de porc du plus blanc ; & ne pourront les Tondeurs fe fervir de cardes pour coucher lefdits Draps & Serges ny en tenir en leurs maisons ; mais fe ferviront de chardons, à peine de douze livres d'amende pour chacune contravention.

LIV.

Les Maiftres defdits corps des meftiers de Drapier & Serger qui travailleront à façon aufdites Manufactures pour les autres Maiftres à caufe de leur indigence, ne pourront vendre, engager ny retenir les Marchandifes, matieres & outils fervant à les faire, qui leur auront efté confiées & mifes entre les mains pour travailler, à peine de punition exemplaire ; fubiront lefdits Maiftres travaillans à façon les mefmes loix que les Compagnons defdits meftiers.

LV.

rivilege.

Ne pourra eftre procedé par faifie, execution ny vente forcée en Juftice des moulins, meftiers, outils & uftanciles fervans à quelque Manufacture que ce foit, pour quelque debte, caufe & occafion que ce puiffe eftre (fi ce n'eft pour les loyers des maisons que lefdits Ouvriers & Façonniers occuperont) ny mefme pour les deniers des Tailles & impoft du fel ; & aucuns Huiffiers & Sergens ne pourront faire lefdites faifies ny ventes, à peine d'interdiction de leurs charges, cent cinquante livres d'amende, & de tous defpens dommages & interefts des parties faifies.

LVI.

LVI.

Et fera le prefent Reglement tranfcrit dans le livre de la Communauté, pour y avoir recours quand befoin fera, dont fera delivré gratuitement une copie une feule fois à chacun Maiftre de la Communauté un mois apres la publication d'iceux, dont lefdits Maiftres figneront la reception fur le-dit Regiftre.

Regiftre de la Communauté.

LVII.

Lefdits Jurez en charge s'affembleront en la chambre de leurdite Communauté le premier Lundi de tous les mois à deux heures de relevée, & plus fouvent s'il eft befoin, pour conferer des affaires de ladite Communauté, oüir les denonciations & plaintes qui leur feront faites par les Maiftres & Apprentis touchant le fait de leur meftier, pour eftre reglés à l'amiable. Et au cas qu'il arrive quelques affaires importantes concernant ledit corps & Communauté qui pût donner occafion de procez, les Gardes ou Jurez en charge feront affembler en leur chambre le plus grand nombre des Maiftres dudit Corps qui leur fera poffible, du moins celuy de cinq, & ceux qui auront efté en charge les deux années precedentes, aufquels ils propoferont les affaires dont il s'agira pour les refoudre à la pluralité des voix; & ce qui fera ainfi refolu fera tranfcrit fur ledit Regiftre de la Communauté, & executé par tous les Maiftres dudit corps, comme fi tous y avoient affifté.

Affemblées.

LVIII.

Toutes les Amendes qui feront adjugées en confequence des Prefentes & pour les contraventions à icelles, feront applicables; Sçavoir moitié à fa Majefté, un quart aux Gardes & Jurez en charge, & l'autre quart aux pauvres du lieu où les Jugemens portant condamnation defdites amendes feront rendus.

Amendes.

LIX. & dernier.

Et pour connoiftre fi les Gardes & Jurez fe feront bien acquittez du devoir de leurs Commiffions, & exactement executé ces prefens Reglemens, & auffi pour rechercher d'autant plus les moyens de perfectionner lefdites Manufactures, & en augmenter le commerce dans toutes les Villes & Bourgs du

Affemblée pour la Police de Manufactures.

F

Royaume, où il y a & aura cy-apres Corps & Communauté des Maiſtres Drapiers & Sergers, les Officiers de Police des Manufactures feront aſſembler pardevant eux au mois de Janvier de chacune année les Gardes & Jurez en charge des meſtiers deſdites Manufactures de laine & de fil, avec ceux qui ſeront ſortis de charge l'année precedente, & quatre autres perſonnes de chacune deſdites Communautez tels qu'ils les voudront choiſir: Enſemble deux Notables Bourgeois, afin que les Gardes & Jurez en charge informent l'Aſſemblée de l'eſtat auquel ſeront leſdites Manufactures, de leur progrez, des moyens qu'ils jugeront neceſſaires pour leur perfection, & de l'obſervation ou contravention qu'ils auront remarquées avoir eſté faites au preſent Reglement, & les remedes qu'il conviendra d'y apporter, pour eſtre ſur le tout par ladite Aſſemblée donné ſon avis de ce qu'elle jugera le plus utile & raiſonnable pour le bien public & le commerce des Marchandiſes, dont ſera dreſſé procez verbal par leſdits Officiers de Police des Manufactures, qui ſeront tenus d'en envoyer une expedition un mois apres au Surintendant des Arts & Manufactures de France, le tout gratuitement & ſans frais.

EXTRAIT DES REGISTRES
du Conſeil d'Eſtat.

reſt de vendeſdits artes aux Officiers de la Police Paris pour donner leur avis.

LE Roy ayant receu pluſieurs plaintes des Maiſtres & Gardes des Marchands Drapiers de ſa bonne Ville de Paris, des abus qui ſe commettent aux longueurs, largeurs & qualitez de toutes ſortes d'Etoffes de laine & de fil qui ſont manufacturées dans ſon Royaume; & que les moyens d'y remedier ſont contenus dans un Projet de Statut & Reglement General deſdites Manufactures qu'ils ont dreſſé pour ce ſujet, s'il plaiſoit à ſa Majeſté l'approuver, & ſur iceluy faire expedier ſes Lettres Patentes, pour eſtre regiſtré dans ſes Cours de Parlement, & obſervé & executé dans toute l'étenduë de

son Royaume : A quoy sa Majesté desirant pourvoir avec
une parfaite connoissance de l'avantage que le public en peut
recevoir : SA MAJESTÉ EN SON CONSEIL ROYAL de
Commerce a renvoyé & renvoye ledit Projet de Statut & Reglement General aux Lieutenant du Prevost de Paris pour la
Police, & Procureur de sa Majesté au Chastelet pour y donner leur avis, & iceux veus & rapportez, estre pourveu ainsi qu'il
appartiendra par raison. Fait au Conseil d'Estat du Roy tenu
à saint Germain en Laye le vingt-deuxiéme Juillet mil six cens
soixante-neuf.

Avis des Officiers de Police.

VEu par Nous Gabriel Nicolas de la Reynie, Conseiller
du Roy en ses Conseils d'Estat & Privé, Maistre des Re-
questes ordinaire de son Hostel, & Lieutenant de Police de la
Ville, Prevosté & Vicomté de Paris : Et Armand Jean de
Riants aussi Conseiller du Roy en ses Conseils, & son Procureur au Chastelet de Paris, les Articles cy-dessus transcrits au
nombre de cinquante-neuf, presentez à sa Majesté par les
Maistres & Gardes de la Marchandise de Draperie de Paris,
à ce qu'il luy pleust les approuver & faire expedier sur iceux
ses Lettres Patentes en forme de Statuts, Ordonnances & Reglemens pour les longueurs, largeurs & qualitez des Draps,
Serges, & autres Estoffes de laine & fil qui sont manufacturées
dans le Royaume : L'Arrest du Conseil du vingt-deuxiéme
Juillet dernier, par lequel le Roy en son Conseil Royal de
Commerce nous a renvoyez lesdits Articles, pour sur iceux
donner nostre avis, la Requeste à nous presentée par ledit Procureur du Roy par laquelle il nous auroit requis avant que
donner nostre avis, que lesdits Maistres & Gardes des Marchands Drapiers de Paris fussent ouïs pardevant Nous en sa
presence sur lesdits Articles, à quoy ayant esté satisfait.

Nostre avis est sous le bon plaisir de sa Majesté, que lesdits
Articles sont utiles au Public, & tres necessaires pour le restab-
blissement & perfection des Manufactures des Estoffes de laine

& fil qui font fabriquées en France , tant pour l'ufage & confommation qui s'en fait dans le Royaume , que pour en augmenter le debit dans les Païs eftrangers. Fait à Paris le huictiéme Aouft 1669. Signé, DE LA REYNIE, & DE RIANTS.

***

Lettres Patentes d'approbation defdits Statuts & Reglemens.

LOUIS par la grace de Dieu Roy de France & de Navarre : A tous prefens & à venir, SALUT. Défirant remedier autant qu'il nous eft poffible aux abus qui fe commettent depuis plufieurs années aux longueurs, largeurs, force & bonté des Draps, Serges, & autres Etoffes de laine & de fil, & rendre uniformes toutes celles de mefme forte, nom & qualité , en quelque lieu qu'elles puiffent eftre fabriquées , tant pour en augmenter le debit dedans & dehors noftre Royaume, que pour empefcher que le Public ne foit trompé : Nous aurions Ordonné aux Maiftres & Gardes de la Marchandife de Draperie de noftre bonne Ville de Paris d'en rechercher les moyens & nous les propofer : Aquoy ayant fatisfait par les Articles en forme de Statuts & Reglemens qu'ils ont dreffez, ils Nous les auroient prefentez & humblement fupplié de les vouloir approuver , & fur iceux faire expedier nos Lettres à ce neceffaires. A CES CAUSES, de l'avis de Noftre Confeil Royal de Commerce, qui a veu & examiné lefdits Articles au nombre de cinquante-neuf : l'Arreft de Noftredit Confeil du vingt-deuxiéme Juillet dernier portant renvoy d'iceux au Lieutenant de Police, & à noftre Procureur au Chaftelet de Paris pour y donner leur avis : ledit avis eftant au bas defdits Articles du huictiéme du prefent mois d'Aouft 1669. le tout cy attaché fous le contre-féel de Noftre Chancellerie : Nous avons par ces Prefentes fignées de noftre main , de noftre grace fpeciale , pleino puiffance & authorité Royale , approuvé & confirmé, approuvons & confirmons lefdits Articles , Statuts, Ordonnances & Reglemens pour les longueur, largeur,

largeur, qualité, & uniformité des Draps, Serges, & autres
Etoffes de laine & fil. VOULONS que dans toute l'étenduë
de noftre Royaume, Terres & Seigneuries de noftre obeïffance, ils foient gardez, obfervez & exécutez de poinct en
poinct, felon leur forme & teneur. SI DONNONS EN MAN-
DEMENT à nos amez & feaux Confeillers, les gens tenans
noftre Cour de Parlement de Paris, que ces Prefentes, & lefdits Articles de Statuts & Reglemens ils faffent lire, publier,
regiftrer, garder & obferver, fans y contrevenir, ny fouffrir
qu'il y foit contrevenu, nonobftant toutes chofes à ce contraires, aufquelles nous avons dérogé & dérogeons. Et parce que l'on pourroit avoir affaire en plufieurs lieux de ces Prefentes, & defdits Statuts & Reglemens, VOULONS qu'aux
copies collationnées d'iceux par l'un de nos amez & feaux
Confeillers & Secrétaires, foi foit ajoûtée comme aux originaux : CAR tel eft noftre plaifir. Et afin que ce foit chofe ferme & ftable à toûjours, Nous avons fait mettre noftre
feel à cefdites Prefentes. DONNE' à S. Germain en Laye
le jour d'Aouft, l'an de grace 1669. & de noftre Regne le
vingt-feptiéme. Signé, LOVIS. Et plus bas, Par le Roy,
COLBERT. Et fcellé du grand fceau de cire verte fur lacs de
foye rouge & verte. Et fur le reply eft encore écrit : *Vifa*,
SEGVIER.

*Leû, publié, regiftré, ouï, & ce requerant le Procureur General
du Roi, pour eftre executé felon fa forme & teneur. A Paris en
Parlement, le Roi y feant en fon Lit de Iuftice, le 13. Aouft 1669.*
Signé, DV TILLET.

Collationné à l'Original par moy Confeiller Secretaire du Roi,
Maifon, Couronne de France, & de fes Finances.

G

STATVTS, ORDONNANCES,

& Reglemens, que sa Majesté veut estre observez par les Marchands Maîtres Teinturiers en grand & bon Teint des Draps, Serges, & autres Etoffes de laine, de toutes les Villes & Bourgs de son Royaume.

PREMIEREMENT.

LEs Corps & Communautez des Marchands Maîtres Teinturiers du grand & bon Teint de toutes les Villes & Bourgs du Royaume seront composez indifferemment de tous les Maîtres qui ont esté receûs audit Art, ou qui l'exerçoient en vertu des Lettres patentes & Privileges que Sa Majesté & ses prédecesseurs Rois leur auroient concedez; & en consequence de ce, ils continuëront l'exercice dudit Art paisiblement, & sans aucun trouble, à la charge de faire inscrire leurs noms & qualité de Maître, tant sur le Registre des Juges des lieux de leur demeure, qui ont droit de connoître de la Police des Arts & Manufactures, que sur celuy de leur Communauté, un mois après la publication des presens Reglemens & Statuts; après lequel temps ils ne pourront exercer ladite Maîtrise sans la permission desdits Juges de Police, ou sans faire les apprentissages, & Chef-d'œuvre en la maniere qui sera dite cy-après : Et toutes autres personnes que les Maîtres Teinturiers, sans exception, ne pourront s'immiscer de teindre aucunes Etoffes & Marchandises de laine, de quelque couleur, & pour quelque cause que ce soit, à peine contre les contrevenans de confiscation desdites Etoffes, & de trois cens livres d'amende. Et parce que dans la ville de Paris il n'y a presentement que trois Teinturiers appellez du grand & bon Teint des Manufactures de laine, lequel nombre n'est pas suffisant pour satisfaire au dessein qu'a Sa Majesté d'augmenter le travail de la grande & bonne teinture, & de la porter dans sa plus haute perfection, il sera permis à trois autres Teinturiers, qui seront choisis & nommez par le Lieutenant du Prevost de Paris pour la Police, de teindre en grand & bon Teint les Manufactures de laine, en faisant par eux au préalable le Chef-d'œuvre de ladite grande & bonne teinture, & prêtant le serment en la maniere accoûtumée, de bien & fidellement exercer ledit Art de la grande & bonne teinture, suivant les presens Reglemens & Statuts : Comme aussi que dans toutes les villes Capitales des Provinces du Royaume, où il y aura moins de trois Teinturiers du bon Teint en Manufactures de laine, il sera choisi & admis par le Juge de Police des Teinturiers du petit Teint des plus capables, le nombre qu'il faudra pour parfaire celuy de trois Teinturiers du bon Teint, si tant en est besoin. A la charge de faire aussi par eux, comme dit est, le Chef-d'œuvre de la teinture du bon Teint, de renoncer à la teinture du petit Teint, & de prêter le serment de bien & fidellement exercer l'Art de la bonne teinture, suivant lesdits presens Reglemens. Tous lesquels Teinturiers qui seront admis, comme dit est, au grand & bon Teint, feront partie du Corps & Communauté des Teinturiers du grand & bon Teint, ainsi que les autres Maîtres dudit Corps, ausquels & à tous autres seront faites defenses de les troubler, ni empêcher en l'exercice de ladite teinture du grand & bon Teint, à peine de quinze cens livres d'amende.

Augmentation du nombre des Teinturiers en grand & bon Teint.

II.

Et comme il y a plusieurs Corps de Teinturiers en differentes Villes du Royaume, qui sont à present gouvernez par les Maîtres & Jurez, sçavoir les Teinturiers en grand & bon Teint des Manufactures de laine, & les Maîtres Teinturiers du petit Teint ; ce qui cause beaucoup de procés, de desordres & d'abus sur le fait desdites Teintures au préjudice du public ; Pour à quoy remedier en chacune des-

Distinction des Corps & Communautés.

STATVTS, ORDONNANCES,

& Reglemens, que sa Majesté veut estre observez par les Marchands Maîtres Teinturiers en grand & bon Teint des Draps, Serges, & autres Etoffes de laine, de toutes les Villes & Bourgs de son Royaume.

PREMIEREMENT.

LEs Corps & Communautez des Marchands Maîtres Teinturiers du grand & bon Teint de toutes les Villes & Bourgs du Royaume seront composez indifferemment de tous les Maîtres qui ont esté receûs audit Art, ou qui l'exerçoient en vertu des Lettres patentes & Privileges que Sa Majesté & ses prédecesseurs Rois leur auroient concedez; & en consequence de ce, ils continuëront l'exercice dudit Art paisiblement, & sans aucun trouble, à la charge de faire inscrire leurs noms & qualité de Maître, tant sur le Registre des Juges des lieux de leur demeure, qui ont droit de connoître de la Police des Arts & Manufactures, que sur celuy de leur Communauté, un mois aprés la publication des presens Reglemens & Statuts; aprés lequel temps ils ne pourront exercer ladite Maîtrise sans la permission desdits Juges de Police, ou sans faire les apprentissages, & Chef-d'œuvre en la maniere qui sera dite cy-aprés : Et toutes autres personnes que les Maîtres Teinturiers, sans exception, ne pourront s'immiscer de teindre aucunes Etoffes & Marchandises de laine, de quelque couleur, & pour quelque cause que ce soit, à peine contre les contrevenans de confiscation desdites Etoffes, & de trois cens livres d'amende. Et parce que dans la ville de Paris

*rps &
mmu-
utez*

il n'y a prefentement que trois Teinturiers appellez du grand & bon Teint des Manufactures de laine, lequel nombre n'eft pas fuffifant pour fatisfaire au deffein qu'a Sa Majefté d'augmenter le travail de la grande & bonne teinture, & de la porter dans fa plus haute perfection, il fera permis à trois autres Teinturiers, qui feront choifis & nommez par le Lieutenant du Prevoft de Paris pour la Police, de teindre en grand & bon Teint les Manufactures de laine, en faifant par eux au préalable le Chef-d'œuvre de ladite grande & bonne teinture, & prêtant le ferment en la maniere accoûtumée, de bien & fidellement exercer ledit Art de la grande & bonne teinture, fuivant les prefens Reglemens & Statuts : Comme auffi que dans toutes les villes Capitales des Provinces du Royaume, où il y aura moins de trois Teinturiers du bon Teint en Manufactures de laine, il fera choifi & admis par le Juge de Police des Teinturiers du petit Teint des plus capables, le nombre qu'il faudra pour parfaire celuy de trois Teinturiers du bon Teint, fi tant en eft befoin. A la charge de faire auffi par eux, comme dit eft, le Chef-d'œuvre de la teinture du bon Teint, de renoncer à la teinture du petit Teint, & de prêter le ferment de bien & fidellement exercer l'Art de la bonne teinture, fuivant lefdits prefens Reglemens. Tous lefquels Teinturiers qui feront admis, comme dit eft, au grand & bon Teint, feront partie du Corps & Communauté des Teinturiers du grand & bon Teint, ainfi que les autres Maîtres dudit Corps, aufquels & à tous autres feront faites defenfes de les troubler, ni empêcher en l'exercice de ladite teinture du grand & bon Teint, à peine de quinze cens livres d'amende.

Augmentation du nombre des Teinturiers en grand & bon Teint.

II.

Et comme il y a plufieurs Corps de Teinturiers en differentes Villes du Royaume, qui font à prefent gouvernez par les Maîtres & Jurez, fçavoir les Teinturiers en grand & bon Teint des Manufactures de laine, & les Maîtres Teinturiers du petit Teint; ce qui caufe beaucoup de procés, de defordres & d'abus fur le fait defdites Teintures au préjudice du public: Pour à quoy remedier en chacune def-

Diftinction des Corps & Communautez.

dites Villes, les Teinturiers en grand & bon Teint des Manufactures de laine feront une feule & même Communauté, & ceux du petit Teint une autre Communauté feparée ;
& en confequence de ce, les Maîtres Teinturiers du grand
& bon Teint ne pourront teindre en petit Teint, ny les Teinturiers du petit Teint ne pourront auffi teindre en grand &
bon Teint, ny même en bleu, attendu que le Guefde de
Paftel n'eft attribué qu'aux Maîtres Teinturiers du bon
Teint ; ny auffi ne pourront loger plufieurs enfemble en même maifon, ou tenir même boutique, s'ils ne travaillent
de même travail, & femblable teinture : Et encore les
Teinturiers du petit Teint n'auront des cuves en leurs
Maifons ou Boutiques, mais feulement des chaudieres de
cuivre, fuivant leur ancien ufage, à peine de cent cinquante livres d'amende, & d'interdiction de la Maîtrife.

III.

Jurez.
Pour maintenir d'autant plus lefdits Maîtres Teinturiers
du grand & bon Teint dans l'union & la bonne intelligence en laquelle ils doivent vivre ; & pour tenir la main à
l'execution des prefens Statuts & Reglemens, fera nommé par chacun an, à la pluralité des voix, le même jour
que les élections ont efté cy-devant faites ; & pour les lieux,
où n'en a encore efté fait, à tel jour qu'ils aviferont bon
eftre, un Maître Juré Teinturier du bon Teint, lequel prêtera le ferment pardevant les Officiers de la Police du lieu
de fa demeure, de bien & deuëment exercer ladite charge pendant une année, après l'expiration de laquelle en fera éleû un autre en fa place de même qualité ; & ainfi fucceffivement les années fuivantes le même ordre fera toûjours gardé. Enjoint audit Juré de bien & fidellement faire fadite charge, de rechercher en faifant fes vifites les contraventions qui pourroient eftre faites aufdits prefens Reglemens & Statuts, & d'en faire fon rapport pardevant lefdits Officiers de Police en la maniere accoûtumée, fous peine d'interdiction de la Maîtrife.

IV.

*chantil-
ns tent*
Et pour établir d'autant plus les Teintures en leur perfection,

&ion , & faciliter les moyens de découvrir les abus qui s'y peuvent commettre, aux dépens de la Communauté defdits Teinturiers du grand & bon Teint, & à la diligence du Juré qui fera en charge, quinze jours après fon élection, en la pre- fence des Officiers de Police, & des Maîtres & Gardes de la Marchandife de Draperie qui feront auffi en charge, il fera teint en bon Teint de douze fortes de couleurs, douze morceaux de Draps de Valongne ou de Berry, ou autre d'égale qualité, de demie aulne chacun, qui leur feront fournis par lefdits Maîtres & Gardes de la Draperie, aux dépens de leur Commu- nauté ; fçavoir, en noir de Garence, Minime, rouge de Garence, couleur de Prince, Ecarlate rouge, Rofe feiche, Incarnat, Cou- lombin , couleur de Rofe, Vert-gay, Bleu turquin, & Vio- let : Et encore de teindre quatre morceaux de Ratine, qui leur feront auffi fournis par lefdits Maîtres & Gardes de la Draperie ; fçavoir, en Ecarlate rouge, noir de garence, rou- ge cramoifi , & couleur de penfée ; lefquels morceaux ainfi teints, feront delivrez par lefdits Teinturiers un mois après qu'ils les auront receûs, aufdits Maîtres & Gardes de la Dra- perie, pour être iceux marquez des deux marques defdits Drapiers, & Teinturiers, puis couppez par moitié ; l'une def- quelles fera mife au Bureau de la Communauté defdits Mar- chands Drapiers, & l'autre au Bureau defdits Teinturiers, pour y fervir de fonds d'échantillons de la bonne Teinture dans la verification des fauffes ou veritables Teintures des mêmes couleurs.

V.

Et pour mieux affeurer la perfection des Teintures du bon Teint, eft enjoint à tous Maîtres Teinturiers dudit bon Teint, de ne tenir en leurs Maifons, Magafins,& Boutiques autres in- grediens pour la compofition des Teintures, que des Paftels de Lauragais, Albigeois, Languedoc, & d'autres lieux, Vovai- de, Couperofe, Sumac, Galle à l'épine & d'Alep, Alun, Gravelle, Tartre, Garence, Gaude, Cochenille, Graine d'é- carlate, Paftel d'écarlate, Arfenic, Agaric, Talmerital, Bour- re de chevre, Cendre gravellée & Indigo. Defenfes aux Teinturiers du petit Teint, d'avoir aucun defdits bons in- grediens en leurs maifons, boutiques, & magafins ; & à

H

eux & aux Teinturiers du bon Teint d'avoir en leurſdi-
tes maiſons , ni d'emploier en la compoſition de leurs teintures aucuns ingrediens faux , comme Bois d'Inde, Breſil,
Bois de coimpéché , Bois jaune , Fuſtel , Tourneſol , Rau-
cour , Orſeille & Saffrant bâtard , & d'en appliquer ſur aucunes Marchandiſes par eux teintes , attendu que tels ingrediens ne ſervent qu'à faire de fauſſes teintures ; & ce, à
peine de confiſcation deſdits ingrediens , & des Marchandiſes qui s'en trouveront teintes & chargées , de trois cens livres d'amende pour la premiere fois , & pour la ſeconde
d'interdiction de la Maîtriſe , & d'être leurs boutiques fermées ; & neantmoins , ſans tirer à conſequence , pourront
leſdits Teinturiers du petit Teint emploier deſdits Bois d'Inde, Breſil, & Orſeille , au biſage des étoffes & Marchandiſes gris mêlez ſeulement, & non autres couleurs.

VI.

Drogues de-
fenduës. Et pour toûjours prévenir & empêcher les abus , qui ſe
pourroient commettre aux Teintures , il eſt defendu à tous
Teinturiers , ſans exception , d'avoir auſſi en leurs maiſons
& magaſins , ni d'emploier en leurs teintures de quelque laine ni étoffe que ce ſoit , de la moullée des Taillandiers &
Emouleurs , limaille de fer ou de cuivre , vieil ſommail qui
a ſervi à paſſer les maroquins ; attendu que cela dégrade &
empire les Etoffes , les endurcit , & empêche qu'elles n'aient
l'œil & la perfection neceſſaire , à peine de confiſcation deſdites Drogues & Marchandiſes , auſquelles elles ſeront appli-
quées , cinq cens livres d'amende , & d'interdiction de la
Maîtriſe.

VII.

Marques de
toutes les
marchandi-
ſes teintes
avant le
preſent Sta-
tut, pour
prévenir les
abus. Afin de pouvoir facilement connoiſtre & diſtinguer les
Marchandiſes teintes avant le preſent Reglement , d'avec
celles qui l'auroient eſté depuis , & en conformité d'icelui ,
un mois aprés la publication des preſens Reglemens & Statuts , les Officiers de Police des Manufactures , ou autres
par eux commis , aſſiſtez des Maîtres & Gardes de la Draperie , & auſſi aſſiſtez , ſi bon leur ſemble , du Juré Teinturier
en charge , feront conjointement , gratuitement , & ſans frais,

une vifite generale dans toutes les maifons , magafins , &
boutiques des Marchands Drapiers , même en celles defdits Gardes en charge , & y marqueront d'une marque qui
fera faite, exprés tous les Draps & Serges teintes qu'ils
y trouveront , & par lefdits Officiers de Police , ou celui qui fera par eux commis , affiftez des Maîtres & Gardes de la Mercerie & du Juré Teinturier, il fera fait pareille vifite & marque de tous les Draps & Serges teintes qui
feront dans les magafins & boutiques des Marchands Merciers & Marchands privilegiez fuivant la Cour , fans exception ; & enfuite la figure de ladite marque fera empreinte fur les Regiftres des Communautez defdits Marchands Drapiers , Merciers & Teinturiers , puis rompuë &
mife en pieces , en la prefence de tous ceux qui auront
fait lefdites vifites , dont fera fait mention fur lefdits Regiftres.

VIII.

Et afin qu'aucun des Maîtres Teinturiers ne puiffe ignorer à l'avenir les marchandifes qui doivent eftre teintes
en bon Teint, & les ingrediens qu'ils y doivent emploier,
& empêcher que le Public y foit trompé , toutes les Etoffes
cy-aprés dénommées feront teintes en bon Teint, & non autrement.

S ç A V O I R.

Les Draps d'une aulne & demie de largeur, ou d'une aul- *Marchan-*
ne un tiers, façon d'Efpagne & d'Hollande, Draps de Lan- *difes de bon*
guedoc, Carcaffonne, Sedan, Abbeville, Dieppe, Fécant, *Teint.*
Elbœuf, Draps du Sceau de Rouën , & de Darnatal, Draps
de Vallogne & de Cherbourg , Draps & Serges de la Pro-
vince de Berry & Sollogne , Draps de Dreux , Serges de
Segovie, de Limeftre, de S. Lo, & de Beauvais, Ratines &
Droguets de laine fine , appellez Droguets demy foullez,
Ratines larges & étroites, qui fe font en Normandie, & toutes autres marchandifes de Draperie des meilleures qualitez
& fabriques.

IX.

Les noirs des Etoffes de haut prix feront de fort guefde *Noirs.*
d'un Bleu brun, nommé Bleu-pairs ; pour la bonne qualité

duquel il ne fera mêlé que fix livres d'Indigo tout aprêté,
avec chacune balle de Paftel, lors que la cuve fera adoux,
c'eft à dire quand le Paftel commence à jetter une fleur bleüe,
& fans qu'aprés l'afficte de ladite cuve, elle puiffe être re-
chauffée plus de deux fois ; puis fera enfuite boüilly avec
Alun, Tartre ou Gravelle, & aprés Garencé avec Garence
commune, ou croufte de belle Garence, & parachevé en
noir avec noix de Galles d'Alep, Couperoze & Sumac, puis
adoucis en les repaffant fur la Gaude, pour leur donner la
perfection du noir ; & afin que toutes lefdites couleurs foient
belles & foûtenables en perfection, & empêcher que lefdits
Draps ne teignent & ne noirciffent dans leur ufage ceux qui
les porteront, il eft enjoint à tous les Marchands de faire dé-
gorger leurs Draps en blanc au moulin à foulon, avant que
de les donner aux Teinturiers ; defenfes aufdits Teinturiers
de les guefder qu'ils ne foient dégorgez, & aprés être
guefdez, lefdits Teinturiers les fouleront aux pieds dans de
l'eau, puis les garenceront ; & aprés qu'ils feront faits
noirs, les laveront bien jufques à ce qu'ils ne poudrent
plus, à peine de deux cens livres d'amende contre les con-
treyenans.

X.

Et pour faciliter les moyens de faire le dégorgement defdits Draps, les Juges de Police, chacun en l'étenduë de leur
Jurifdiction, où les Manufactures font établies, drefferont
leurs procés verbaux des Moulins à foulon propres au dégorgement des Draps qui y font, & du nombre qu'ils y jugeront neceffaire ; comme auffi du lieu où l'on pourra com-
modément les faire bâtir, & par eftimation raifonnable les
frais qu'il conviendra faire pour leur conftruction ; lefquels
procés verbaux ils envoieront au Sur-Intendant & Ordon-
nateur general des Bâtimens de fa Majefté, Arts & Manufactures de France, un mois aprés la publication des prefens
Statuts.

X I.

A l'égard des Etoffes de prix mediocre, comme les peti-
tes Ratines & Revêches, Serges & Molletons d'Angleterre,
Serges de Londres, d'Aumalle, Amiens, Chartres, Molly,
Merlou,

Merlou, Ras de Chaalons, Étamines & Serges de Reims, toutes Serges de deux estains, Camelots, Baracans, & autres de pareille qualité, ensemble les couvertures, elles seront seulement guesdées, & passées en bleu, & ensuite parachevées en noir avec Galle & Couperose; attendu que ces sortes de marchandises ne peuvent porter les frais d'être garencées, & que sans ladite Garence elles seront de bon Teint en la maniére susdite; & seront aussi lesdites Etoffes teintes de toutes autres couleurs en bon Teint.

XII.

Defenses à tous Teinturiers, sans exception, de teindre aucunes Etoffes de blanc en noir, pour quelque cause que ce soit, à peine d'interdiction de la Maîtrise, de confiscation desdites Etoffes, & de cinq cens livres d'amende pour chacune contravention.

Blanc et noir.

XIII.

L'Ecarlate rouge sera teinte de graine d'Ecarlate, & de vermillon ou Pastel d'Ecarlate, & y pourront mêler Agaric & Arsenic.

Ecarlate rouge.

XIV.

L'Ecarlate incarnate cramoisie sera teinte avec Cochenille, Maestreck & Eau-forte, jusques à la quantité de deux onces pour chaque piece de Drap; Sel Armoniac, Sublimé, & Esprit de Vin, pour donner le bel œil & le lustre.

Ecarlate incarnat cramoisie

XV.

Les Ecarlates violetes, pourpres, amarante, rose seiche, pensée, grisdelin, passevelours, gris brun, surbrun, gris lavendez, gris argentez, gris vineux, gris blanc, gris de ramier, d'ardoises & autres, le tout cramoisi, seront teints de guesde ou Pastel, avec Cochenille d'Inde pure, sans mélange de bois d'Inde, Bresil, Orseil, ny autres ingrediens que sa Majesté defend d'y employer, comme étant de fausses Teintures.

Autres Ecarlate cramoisie

XVI.

Les gris bruns, minimes & tannez seront de Guesde plus clair qu'au noir, bouilly un peu plus fort avec alun & grá-

Gris bruns & autres couleurs.

I

velle, & garencez davantage qu'au noir, afin que la couleur
en foit plus belle, & y ajoûtant pour les minimes de la garence non robée; & en cas que la garence commune foit trop
obfcure, il fera auffi moins bruni que le noir, & feulement
pour donner un bel œil; pour les tannez, leur fera donné une
paffe de Cochenille : Defenfes de teindre des minimes avec
de la racine de noyer brunie fur le noir, attendu que c'eft
fauffe Teinture : Et pour empêcher les abus qui s'y pourroient
commettre, lefdites couleurs de gris-bruns, minimes, tannez
& de penfée, feront marquées en bleu ou guefde, ainfi que
les noirs par les Marchands Drapiers en la maniére cy-après.

Marque en bleu.

XVII.

Les gris de perle, de caftor, & autres couleurs que celles
cy-deffus, feront faits avec Galle & Couperofe, & quelques-
unes feront commencées avec tres-peu de racine de noyer,
& achevées avec ladite Galle & Couperofe; & pour les rendre meilleurs au fervice, ils feront repaffez fur des réftes
de bains de Cochenille les plus foibles, puis paffez habi-
lement.

XVIII.

plufieurs couleurs.

Les couleurs de Roy & de Prince feront guefdées & garencées comme les noires.

XIX.

Les verts herbus, verts gays, verts naiffants, verts jaunes,
verts de mer, & vert brun, feront guefdez, & parachevez de
Gaude de Picardie, Normandie ou Champagne : Defenfes
de donner la Gaude auparavant le guefde, attendu que le
pied & le fonds en bleu rend l'Etoffe de meilleur ufé que
celui en jaune.

XX.

Les celadons & vert de mer feront guefdez auparavant
que d'y donner la Gaude, fans qu'il foit befoin de les paffer
fur le noir : Defenfes expreffes d'emploier à aucune defdites couleurs du Bois d'Inde au boüillon, ou après qu'ils
font gaudez, ni les brunir fur le bois d'Inde avec verdet,
our fur le bain reftant des noirs, à peine de confifcation des
Etoffes, & de trois cens livres d'amende pour chacune contravention.

XXI.

Les rouges ordinaires, appellez rouges de Garence, seront teints avec Garance pure, sans aucun mélange de bois de Brésil, ny autres ingrediens.

Rouges ordinaires.

XXII.

Les Ecarlates anciennes, dites Ecarlates de France & des Gobelins, seront faites de pure graine d'Ecarlate, qui vient de Languedoc & de Provence, sans mélange d'autres ingrediens.

XXIII.

Les rouges cramoisis, incarnats de roses, de chair, fiamet, fleur de pécher & de pommier, & de toutes autres couleurs cramoisies, seront teints suivant leurs nuances de pure cochenille, maestreck, sans aucun mélange de Garence, bourre, ny autres ingrediens, comme autrefois, attendu que cela en diminuë la bonté; & à l'égard du rouge cramoisi sera préparé avec alun de roche qui vient de Rome, & paracheyé avec la cochenille ; & pour les couleurs de fleur de pommier & de pécher, afin de leur bailler l'œil requis pour sa perfection (qui doit étre un peu violent) il leur sera donné un tres-leger rabat, avec peu de Galle & de Couperose, ou quelque autre legere façon.

Rouges cramoisis, & autres couleurs.

XXIV.

Les orangers, isabelle, aurore, gingeolins, jaune-doré, couleurs de thuille, & de chamois, peleure d'oignon, seront teints suivant leurs nuances de Gaude, & garencez.

XXV.

Les bleus bruns seront faits les premiers, & dans la force du Pastel, & les plus clairs seront faits en diminuant, à mesure que le Pastel s'affoiblira par le travail.

XXVI.

Les jaünes pâles, citrons & souffres seront teints avec Gaude.

XXVII.

Les couleurs d'olives depuis les plus bruns jusques aux plus clairs, estans passez en couleur de vert, seront rabatus avec suye de cheminée; & selon l'œil qu'il leur faut, ou plus clair, ou plus brun, le Teinturier leur donnera le rabat.

XXVIII.

Les feuilles mortes, couleurs de cheveux, couleurs de musc, de noisette, de canelle & de Roy seront teints avec gaude & garance.

XXIX.

Nacarats de bourre.

Les Nacarats appellez de bourre, seront teints de gaude & de bourre de poil de chévre fonduë avec cendre gravellée : Deffenses d'y employér du fustel, estant un faux ingredient : Et pour remedier aux abus qui se commettent ausdites teintures de Nacarat, il est enjoint aux Teinturiers de laisser une *Rose jaune marque.* roze jaune à chaque bout des pieces d'étoffes, & de ne les teindre en Nacarat, qu'aprés qu'elles auront esté marquées en jaune par les Marchands Drapiers commis aux visites des teintures.

XXX.

Etoffes de petit teint.

Ne pourront les Teinturiers du petit Teint teindre autres Marchandises que Frisons, Tiretaines, petites Sergettes à doubler, façon de Chartres & d'Amiens, & autres telles petites Marchandises, jusques à quarante sols l'aulne en blanc pour le plus haut prix ; comme aussi pourront teindre en gris, musc, & autres couleurs semblables, & non d'autres couleurs, toutes étoffes servant de doublure, & non à autre usage.

XXXI.

Tondeurs.

Defenses aux Maîtres Tondeurs & autres qui travaillent aux apprests de Draps, d'employer aucunes graisses que du sain-doux, attendu que cela empesche de bien recevoir la teinture, à peine de cent cinquante livres d'amende.

XXXII.

Laines pour Tapisseries.

Les laines destinées pour estre employées aux Tapisseries seront teintes du bon Teint, de la mesme sorte cy-devant prescrite pour les étoffes de Draperie, à la reserve des laines teintes en noir, qui seront seulement de guesde, & noircies.

XXXIII.

Laines teintes du petit teint, & par les Drapiers Drapans.

Les laines pour noir destinées aux Manufactures de Draps & Serges pour mêler avec d'autres seront racinées de racines de noyer, ou écorce de noyer, avec cocque de noix en suffisante quantité,

quantité, comme les couleurs de muſc, & puïs paſſez en noir, &
les laines de ladite couleur de muſc, de gris de ſouris, & triſtamie, pourront eſtre teintes par les Drapiers drapans, ou par les
Teinturiers du petit teint, ſans neantmoins qu'ils y puiſſent
contraindre leſdits Drapiers drapans, auſquels il eſt laiſſé la liberté de les teindre eux-meſmes en leurs maiſons, ou les y faire
teindre en la maniere cy-deſſus, & non autrement : Défenſes
expreſſes d'employer auſdites teintures de l'écorce d'aune,
moullée, limaille de fer ou de cuivre, ny du bois d'inde, à peine
de confiscation, & de cent cinquante livres d'amende, & d'interdiction de la Maiſtriſe.

XXXIV.

Et pour donner un évident témoignage que toutes les Etoffes ſeront teintes en bon teint & de bons ingrediens en la maniere cy-devant exprimée. Tous Teinturiers laiſſeront au
bout de chaque piece deſdites Etoffes une roze de la grandeur
d'un écu d'argent de couleur bleu ou jaune, & de toutes les
autres couleurs qui auront ſervy de pied & de fonds à la teinture deſdites Etoffes : Et ſi leſdites pieces d'Etoffes ne ſe
trouvoient entierement teintes en fonds en conformité deſdites rozes, elles ſeront confiſquées, & le Teinturier condamné
en cinq cens livres d'amende, & interdit de la Maiſtriſe pour
toûjours, comme un trompeur public.

Rozes au bout des pieces pour empeſcher les fauſſes teintures.

XXXV.

Pour remedier encore avec plus de ſoin aux abus qui ſe pourroient commettre auſdites teintures, & en avoir des preu-
ves évidentes & certaines, tous les Marchands Drapiers &
autres qui donneront des Etoffes pour teindre en écarlatte
violette, penſée, vert-brun, & vert-gay, feront liter les pieces deſdites Etoffes, avant que de les bailler aux Teinturiers. Deffences aux Teinturiers de les recevoir ny teindre, ſi elles ne ſont litées, à peine de cent livres d'amende.

Litages des étoffes teintes en cramoiſi.

XXXVI.

Toutes les Marchandiſes ſeront teintes ſuivant & conforme-
ment aux precedens Articles ſans excuſe ny exceptions quelconques aux peines cy-devant dites, & de confiscation d'icelles,
& de deux cens livres d'amende, à l'égard de celles où les peines
ne ſont exprimées.

Obſervation des teinturiers.

XXXVII.

Pour établir la preuve des bonnes ou mauvaiſes teintures des Etoffes, & connoiſtre clairement ſi elles auront eſté faites en conformité du preſent Reglement, & des échantillons qui auront eſté mis au Bureau des Maiſtres & Gardes de la Draperie & des teintures, ou s'il y aura eſté contrevenu., celles qui ſeront ſaiſies & accuſées de fauſſes teintures par les Maîtres & Gardes de la Draperie, ou Iurez de la Teinture, le débolilly s'en fera par leſdits Gardes de la Draperie ou Iurez des teinturiers, en la preſence de celuy ſur lequel la ſaiſie en aura eſté faite, ou luy deuëment appellé pardeuant le Iuge de la Police, ou autre par luy commis, comme il ſera dit cy-apres.

Premierement pour reconnoiſtre ſi les Draps noirs auront eſté bien gueſdez, & mis en bleuf ſuivant le preſent Reglement, il ſera couppé un échantillon de la piece dont la teinture ſera en débat, & vn morceau de l'échantillon qui aura eſté mis au Bureau des Marchands Drapiers ou des Teinturiers, & pris de l'alun de Rome, auſſi peſans que leſdits deux échantillons, & pareille quantité de tartres de Montpellier, l'un & l'autre meſlez enſemble, à proportion deſquels échantillons & drogues, on mettra de l'eau ſure dans vn poiſſon que l'on fera chauffer, & lors qu'elle commencera à boüillir (& non pluſtoſt) leſdits échantillons & drogues ſeront miſes dans ledit poiſſon pour y boüillir pendant une demie heure; apres laquelle leſdits échantillons ſeront tirez du poiſſon pour eſtre confrontez l'un à l'autre. Pour les Draps teints en ſur-brun ou minimes, le déboüilly s'en fera en la meſme maniere que deſſus.

Pour déboüillir les Draps de haute couleur, & reconnoiſtre s'ils ſont de pure cochenille, il ne ſera mis qu'une once d'alun pour vne livre de Drap: Quant aux autres couleurs, & principalement pour les verts, le déboüilly s'en fera comme des noirs & minimes, toutes leſquelles obſervations ſeront exactement faites par leſdits Maiſtres, Gardes & Iurez, & par les Officiers de Police, pour eſtre fait droit ſur la main-levée, ou confiſcation des Marchandiſes ſaiſies ainſi qu'il appartiendra par raiſon.

XXXVIII.

Pour obliger davantage les Maiſtres Teinturiers du bon teint à faire leur deuoir , & perfectionner leurs teintures, les Marchands Drapiers commettront l'un d'entr'eux (à com- mencer par le plus ancien qui aura paſſé en charge de Garde) pour aller en viſite chez leſdits Maiſtres Teinturiers, meſme chez les Iurez en charge tous les iours de trauail pendant quinzaine, pour voir & examiner les ingrediens dont ils com- poſeront leurs teintures, & les Marchandiſes par eux tein- tes (& ſi elles ſeront de la meſme qualité des échantillons) mis au Bureau de leur Communauté. A l'effet deſquelles viſites les Maiſtres Gardes de la Draperie feront faire cinq marques aux deſpens de ladite Communauté , ſur chacune deſquelles ſera graué le nom de la Ville où ſe feront leſdi- tes teintures , & à l'entour ces mots : Sçauoir ſur la pre- miere , gueſde pour paſſer en garence ; ſur la ſeconde, gueſ- de & garence pour paſſer en noir ; ſur la troiſiéme , bleuf pour paſſer en noir ; ſur la quatriéme gaude ; & ſur la cin- quiéme cramoiſy : Leſquelles marques ſeront miſes avec des morceaux deſdits échantillons entre les mains du pré- poſé auſdites viſites par leſdits Maiſtres Gardes de la Dra- perie , afin d'en marquer ſur un plomb , les Marchandiſes qui ſe trouveront teintes deſdites qualitez en conformité deſdits échantillons : Et pour connoiſtre les noms de ceux qui auront teint leſdites Marchandiſes , tous les Maiſtres Teinturiers ſeront obligez d'auoir en leurs maiſons chacun une petite enclume ſur laquelle ſera gravé leur nom & ſur- nom, afin que le Marchand prepoſé aux viſites appliquant ſon plomb à la teſte des pieces des Marchandiſes teintes, le nom du Teinturier qui les aura teintes y ſoit imprimé par le deſſous, au meſme temps que la marque deſdits Drapiers le ſera par le deſſus; quand elle ſera poſée ſur ledit plomb, & frappée d'un coup de marteau ſur cette enclume. Ne pou- ront les Teinturiers garencer les gueſdes qu'après qu'ils au- ront eſté marquez en gueſde, ny paſſer en noir les gueſdes garencez qu'après qu'ils auront eſté marquez en gueſdes ga- rencez , ny paſſer auſſi les bleufs en noir qu'après qu'ils au- ront eſté marquez en bleuf ; ny encore paſſer des gaudes en

aucunes couleurs, qu'aprés qu'ils auront esté marquez en
gaude, ny de délivrer les Etoffes teintes en cramoify aux Marchands aufquels elles appartiendront qu'aprés qu'elles auront esté marquées de ladite marque de cramoify : Et ne
pourront auffi lefdits Marchands retirer ny recevoir aucunes Etoffes des Teinturiers qu'elles ne foient marquées defdites marques, à peine de confifcation d'icelles ; & fi lefdites teintures ne font de la qualité requife & conforme aufdits échantillons, les Marchandifes où elles auront esté ap-
pliquées feront faifies & confifquées par les Officiers de Police, & les lizieres déchirées, fauf aux Marchands aufquels
elles appartiendront d'en repeter la valeur contre le Teinturier qui les aura teintes : Lequel fera en outre condamné en
cent cinquante livres d'amende, & apres ladite quinzaine
fera nommé un autre Marchand pour vacquer aufdites vifites pendant le mefme temps, & ainfi fucceffivement & perpetuellement.   XXXIX.

*Vifite de l'Iuré
Teinturier.* Le Iuré Teinturier vifitera auffi les autres Teinturiers, exa-
minera leurs teintures & les ingrediens dont elles auront esté
compofées, enfemble les Etoffes teintes : & fi lefdites teintures ou ingrediens font defectueux, ou qu'il s'en trouve de
ceux prohibez par le prefent Reglement, ils feront par luy
faifis, & en dreffera fon rapport qu'il prefentera le lendemain
au Iuge de la Police pour en ordonner la confifcation s'il y
échet.   XL.

*Vifite &
marque des
Marchandi-
fes Foraines
& Eftrange-
res.* Et dautant qu'il eft à craindre qu'aucuns des Marchands
qui feroient prépofez aux vifites des teintures, n'eftans affez
connoiffans de leurs defectuofitez, les Maiftres Teinturiers
qui n'auroient l'intention de fe conformer au prefent Reglement s'en pourroient préualoir pour faire de fauffes teintures, ou pour leur en ofter la connoiffance, ils cacheroient
les Etoffes mal teintes lors des vifites qui fe feroient en leurs
maifons, & apres pour mieux couvrir leurs contraventions
les délivreroient fecrettement aux Marchands pour lefquels
ils les auroient teintes, & avec lefquels ils feroient d'intelligence par le bon marché qu'ils leur feroient defdites fauffes
teintures, ou pour avoir moins de rifques d'eftre furpris dans
le Commerce defdites fauffes teintures, ils teindroient pour

                                                        des

des Marchands d'autres Villes que celle de leur demeure:
Ou bien les Marchands des Villes Frontieres du Royaume
pour avoir meilleur marché de la teinture de leurs Marchandises pourroient les enuoyer teindre de fausses teintures dans
les païs Etrangers qui leur seroient voisins, ou bien encore
les Marchands Estrangers pourroient envoyer en France des
Marchandises de faux teint, & par toutes ces sortes de voyes
la fausse teinture seroit toûjours en Commerce, & empes-
cheroit le succez & la perfection de la bonne teinture, au
grand préjudice du negoce des Manufactures de France,
dont le passé & le present ne fournissent que trop d'exem-
ples de semblables abus pour en douter. Pour à quoy remedier, tous les Draps & Serges de laines teintes qui ne seront
marquées à la marque des Marchands Drapiers & du Iuré
Teinturier, ainsi que dit est cy-devant, seront confisquées ;
Deffences aux Teinturiers de les delivrer ausdits Marchands,
& ausdits Marchands de les recevoir ny exposer en vente,
& à toutes personnes de les achepter qu'apres que lesdites
marques y auront esté apposées, à peine de deux cens livres d'amende contre chacun des contreuenans, au payement de laquelle ils seront contraints sans déport. Et pour
reconnoistre si les Marchandises Foraines auront esté marquées, & si la marque de la bonne teinture y aura esté fidellement mise, ensemble si celles qui auront esté teintes
dans les païs Estrangers sont de bon teint ; les unes & les
autres desdites Marchandises sans exception seron veuës &
visitées par les Maistres & Gardes de la Draperie, qui se feront accompagner si bon leur semble par le Iuré Teinturier desdites Villes où lesdites Marchandises seront apportées pour y estre debitées & par eux marquées de leur marque, si le teint en est bon ; & s'il est faux elles seront saisies & mises en sequestre, & la confiscation jugée par le Iuge
de Police, & les lizieres déchirées ; Et pour faciliter lesdites visites seront lesdites marchandises (excepté celles
qui seront apportées aux Foires) directement menées &
dechargées aux halles ou autres lieux desdites villes destinez
pour les visites desdites marchandises, & y être laissées pendant trois jours seulement, apres toutefois qu'elles auront

L

paffé par les bureaux de fa Majefté & acquitté les droits qui
y feront deus : Deffences aux Marchands Drapiers, Merciers
& privilegiez fuivans la Cour, & à tous autres fans exception
de faire décharger ny recevoir lefdites marchandifes en leurs
maifons, boutiques, & magazins qu'apres qu'elles auront été
vifitées & marquées, comme dit eft, à peine de confifcation d'i-
celles, mil livres d'amende & de tenir leurs boutiques fermées
pendant fix mois.

XLI.

Les Draps & Serges de laine teintes qui feront aportées
aux foires y feront veuës, vifitées & marquées par les Maîtres & Gardes de la Draperie du lieu où fe tiendront lefdites foires, accompagnez fi bon leur femble du Iuré Teinturier, qui fera obligé de s'y rendre gratuitement & fans frais
lors qu'il en fera requis : Defenfes de vendre, achepter ny
enlever lefdites marchandifes qu'apres ladite vifite & marque, à peine de confifcation d'icelles fur ceux qui s'en trouveront faifis.

XLII.

Les Gardes de la Draperie en charge tiendront les halles
& autres lieux deftinez aux vifites des marchandifes bien clos
& fermés pour la feureté des marchandifes qui y feront déchargées, à peine de répondre en leurs privez noms des pertes qui en pourroient arriver, & fera tenu bon & fidele Regiftre par le clerc defdites Gardes & Iurez, ou autre perfonne
par eux prépofée de toutes les marchandifes qui y auront été
déchargées, des noms des Marchands aufquels elles apar-
tiendront, du jour defdites décharges, & de celuy qu'elles
leurs auront été renduës, en payant un fol pour piece feulement, fans que ledit droit puiffe être augmenté pour quelque caufe que ce foit.

XLIII.

Lefdits Maîtres & Gardes Drapiers, & le Marchand Drapier
prépofé pour les vifites ; enfemble le Iuré Teinturier faifans
leurfdites vifites, tous les Marchands de l'une & l'autre Communauté defdits Drapiers & Teinturiers, feront tenus d'ouvrir leurs maifons, magazins & boutiques pour laiffer vacquer
aufdites vifites paifiblement ; s'ils en étoient refufans, pourront
lefdits Gardes & Iurez faire faire l'ouverture par le premier

ferrurier, faifir & enlever lefdites marchandifes dont les Teintures feront defectueufes, comme aufli les ingrediens & matieres deffendues, ou qui ne feront de la qualité requife pour les
bonnes Teintures, ce qu'ils pourront faire en vertu du prefent
Article collationné par un Confeiller & Secretaire de Sa Majefté, fans demander vifa ny pareatis à aucuns Iuges, & nonobftant oppofitions ou appellations quelconques ; Et fi befoin eft,
fe pourront lefdits Gardes & Iuré faire affifter d'un Officier de
Iuftice pour leur donner ayde & main forte contre les contrevenans qui feront condamnez en telle amande & reparation
qu'il apartiendra, nonobftant tous Arrefts, Statuts, Reglemens, Edicts, Declarations, & autres chofes à ce contraires
aufquelles fa Majefté a déroge & déroge pour ce regard.

POLICE DES MAISTRES ET
Apprentis Teinturiers.

XLIV.

Nul ne fera receu à la Maîtrife qu'il n'ait fait apprentiffage *Apprentif-*
chez un Maître Teinturier en bon teint, & demeuré actuelle- *fage.*
ment au fervice de fon Maître l'efpace de quatre années entieres & confecutives, & fervy trois autres années en qualité de
compagnon, comme il fera dit cy-apres, dont fera paffé Brevet
pardevant Notaire qui fera enregiftré fur le Registre de la
Communauté.   XLV.

Aucun Maître ne pourra prendre plus de deux apprentis, & *Apprentif-*
avant la paffation du Brevet fera tenu de s'informer fi ledit ap- *fage.*
prenti eft de bonne vie & mœurs, & huit jours apres la fin de
l'apprentiffage ledit maître fera faire à fes frais une experience
de Teinture à fon apprenti en prefence du Iuré en charge,
apres laquelle ledit apprenti fera enregiftré au livre des Compagnons, pour lequel enregiftrement il payera au Iuré en charge trente-fols ; & ne pourront lefdits Maîtres obliger autres
apprentis qu'ils n'ayent fait faire lefdites experiences à ceux
qui auront fait leur temps, à peine de vingt-quatre livres d'a-
mande.   XLVI.

Ne pourront lefdits apprentis s'abfenter de la maifon & fer- *Apprentif-*
vice de leurs Maîtres pendant lefdites quatre années fans cau- *fage.*

se legitime & jugée telle par le Iuge de Police, & en cas de contrauention, permis à leurs Maîtres de se faire arrêter par tout où ils les trouveront en vertu des Presentes, pour leur faire parachever leur temps, sinon les sommer par acte parlant à leurs personnes, ou au domicile par eux élû, ou à celuy de leurs cautions, qu'ils ayent à continuer leurs services ; Et apres avoir attendu un mois, pourra les faire rayer sur le livre de la Communauté & en prendre d'autres en leur place, sans qu'apres cela lesdits apprentis qui auront quitté, puissent se prévaloir du temps qui so sera écoulé pendant leur absence & premier apprentissage, & sauf ausdits apprentis à s'obliger de nouveau à un autre Maître pour le même temps de quatre années.

XLVII.

Apprentis. Comme aussi le Maître ne pourra congédier son apprenti sans cause legitime jugée telle par ledit Iuge de Police, ny en prendre un autre, s'étant absenté, que le mois cy-dessus dit ne soit expiré, à peine de trente livres d'amende, & arrivant qu'aucun Maître vint à s'absenter de la ville, où il faisoit sa demeure & cesser son traval, il sera pouveu d'un autre Maître audit apprenti un mois apres.

XLVIII.

Apprentis & Compagnons. Les Maîtres dudit Corps ne pourront débaucher, ny attirer cheux eux l'apprenti ou compagnon d'un autre Maître, ny luy donner de l'employ directement ny indirectement, à peine de soixante livres d'amende.

XLIX.

Reception de Maîtres. Aucun ne sera receu Maître Teinturier de bon Teint, pour exercer ledit art de Teinturier & tenir Ouvrois, qu'il n'ait été, comme dit est, Apprenti & Compagnon l'espace de sept années chez les Maîtres de bon Teint, qu'il ne soit de bonne vie & mœurs, ou s'il n'a privilege particulier, & fait chef-d'œuvre en présence du Iuré en charge, & de deux autres Maîtres des plus anciens dudit Corps, si tant y en a.

L.

Qualité du chef-d'œuvre. Le chef-d'œuvre sera fait dans la Chambre de la Communauté des Teinturiers de bon Teint, ou en la maison du Iuré en charge, & sera composé par ledit Aspirant à la Maîtrise de quatre balles de pastel, de l'Auragais ou autre de Languedoc,

qui sera

qui sera mis dans une cuve pour le preparer, & en tirer la Teinture de bleu que ledit pastel produit depuis la nuance la plus brûne jusques à la plus claire, & l'appliquer sur des Etoffes de Draperie, & ce durant l'espace de six jours entiers & consecutifs, sans que ledit chef-d'œuvre puisse durer plus long-temps, & étant fait, veû, visité & reconnu bon par le Iuré en charge, & deux autres anciens Maîtres, si tant y en a, l'Aspirant sera receu à ladite Maîtrise, & prêtera le serment pardevant le Iuge de Police, apres quoy ses Lettres de reception à ladite Maîtrise luy seront délivrées en payant les droits accoûtumez : Deffences audit Aspirant de faire aucun festin, & aux Iurez & Maîtres dudit art, & tous autres d'en recevoir pendant ledit chef-d'œuvre, devant ny apres, à peine de suspension de ladite Maîtrise pour un an, & de cent livres d'amende contre chacun des contrevenans, dont sera délivré executoire par le Iuge de Police, apres la preuve sommaire qu'il sera tenu d'en faire sur la plainte ou denonciation qui luy en aura été faite : Et s'il arrivoit contestation pour la reception dudit chef-d'œuvre, il sera veû & visité par les Iuges de Police, ou autres par eux nommez & commis pour cét effet.

LI.

Pour faire ledit chef-d'œuvre, l'Aspirant à la Maîtrise fera l'achapt dudit pastel de ses deniers en presence du Iuré en charge, & si lesdites marchandises qui seront par luy teintes, étoient gâtées en la Teinture, ledit Aspirant dédommagera ceux ausquels elles appartiendront.

Frais ... chef d'œu...

LII.

Les Fils de Maîtres seront receus à ladite Maîtrise pardevant le Iuge de la Police en la maniere accoûtumée, faisant vne experience de bonne Teinture, l'espace de deux jours seulement, en presence du Iuré en charge, & de deux Anciens qui auront passé par les charges, si tant y en a, & aussi en satisfaisant aux droits ordinaires.

Recepti... des fils ... Maistres...

LIII.

Et parce que la Teinture est vn Art qui ne se peut apprendre que par un long travail & beaucoup d'experience, au sujet dequoy par Lettres Patentes du mois de Septembre 1656. registrées au Parlement de Paris, toutes les Lettres de Maîtrise du

Suppre... des Lettre... Maistrise...

M

dit Art de la Teinture de la Ville de Paris auroient esté cassées
& révoquées ; & ordonné que d'oresnavant nul ne pourra estre
Maistre dudit Art de la Teinture qu'il n'ait subi l'examen &
fait l'experience pardevant les Iurez, & satisfait aux Reglemens : En consequence desdites Lettres Patentes nul ne pourra cy-après estre receu Maistre dudit Art de Teinturier du bon
teint, en quelque lieu que ce soit du Royaume , qu'après avoir
esté Apprenti & Compagnon pendant sept années, & fait chef-
d'œuvre en la maniere dite cy-devant : Et neantmoins si des
Teinturiers Estrangers venoient s'établir en France , sa Majesté y pourvoira ainsi qu'elle verra estre à faire.

LIV.

Venues de Maistres. Les veuves desdits Maistres Teinturiers de la bonne teinture pourront continuer leur Negoce & Art de ladite teinture,
tenir Ouvroirs & faire travailler chez elles, tout ainsi & de
mesmes que pouvoient faire leurs defunts maris, sans qu'elles
puissent associer personne avec elles, sinon les Maistres dudit
Corps, ny faire aucuns Apprentis ; mais seulement pourront
faire parachever en leurs maisons les aprentissages commencez
& passez avec leurs maris. Et en cas que lesdites veuves quit-
tassent ledit Art de Teinture, elles seront tenuës de remettre
les Brevets & Apprentis entre les mains du Iuré en charge,
pour leur estre pourveu d'un autre Maistre, & achever de le servir le temps porté par lesdits Brevets.

LV.

Venues & filles de Maistres. Lesdites veuves & filles de Maistres épousant un Compagnon dudit Art de Teinturier de bon teint, il sera affranchy
du temps qu'il seroit obligé de servir les Maistres suivant les
presens Statuts, en faisant neantmoins le chef-d'œuvre lors de
leur reception à la Maistrise en la maniere cy-devant dite, & ne
payeront autres droicts que ceux que payent les fils de Maistres.

LVI.

Boutiques, estallages, y pertches ar tut. Aucuns desdits Maistres ny leurs veuves ne pourront occuper plus d'une Maison, Boutique ou Ouvroirs de teintures : Et
pourront mettre au devant desdites Boutiques des toilles, tapis, étallages, dépendans dudit Art, sans qu'ils puissent prester
leur nom à qui que ce soit, sous pretexte de parenté ou autrement, ny associer avec eux aucun qui ne soit Maistre de la

Communauté, à peine de cinq cens livres d'amende. Et pourront aussi faire attacher à leurfdites maifons des perches, pour tendre fur rue les Etoffes & Ouvrages qu'ils auront teints, lefquelles perches ne pourront paffer la moitié de la rue, & les Etoffes & Ouvrages qu'ils auront teints, ne pourront defcendre qu'à trois thoizes prés de terre, fuivant l'Arreft du Parlement de Paris, du dixiéme Mars mil fix cens dix.

LVII.

Les Iurez en charge auront un Regiftre qui fera actuellement dans la Chambre de la Communauté, fur lequel ils transcriront les prefens Statuts & Reglemens pour y avoir recours quand befoin fera, & feront lefdits Iurez imprimer aux frais de leur Communauté lefdits prefens Statuts & Reglemens, & en délivrer une coppie pour une fois feulement à chacun Maiftre dudit Corps un mois apres la publication d'iceux, dont lefdits Maiftres figneront la reception fur ledit Regiftre, afin qu'ils ne les puiffent ignorer, ny s'excufer fur les contraventions qu'ils y pourroient faire, le tout à peine de cent livres d'amende.

LVIII.

Lefdits Iurez en charge s'affembleront en la Chambre de leurdite Communauté tous les premiers Lundis du mois à deux heures de relevée, & plus fouvent s'il eft befoin, pour conferer des affaires de ladite Communauté, ouïr les denonciations & plaintes qui leur feront faites par les Apprentis & Maiftres Compagnons touchant le fait de la Teinture, circonftances & dépendances d'icelle, pour eftre reglées à l'amiable par lefdits Iurez en charge qui feront tenus d'en donner leur avis par écrit, auquel les Parties feront obligez de deferer, fi mieux n'aiment payer par forme de peine la fomme de dix livres (qui fera employée pour les affaires dudit Corps) lequel avis les appellans feront tenus de rapporter avec la quitance de ladite fomme de dix livres, avant que d'eftre receus à fe pourvoir contre iceluy.

LIX.

Et au cas qu'il arrive quelques affaires importantes concernant ledit Corps & Communauté, qui pût donner occafion de procés, ou avoir d'autres fuittes de confequence, les Iurez en charge feront affembler en leur chambre le plus grand nombre des Maiftres dudit Corps qui leur fera poffible, du moins celuy de cinq, fi tant y en a, aufquels ils propoferont les affaires dont il s'agira pour les refoudre à la pluralité des voix, & ce qui fera ainfi refolu fera tranferit fur ledit Regiftre de la Communauté, & executé par tous les Maiftres dudit Corps, comme fi tous y avoient affiftez.

LX.

Preference aux Teinturiers.

Si les Marchandifes teintes venoient à eftre faifies & vendues fur ceux qui les auront fait teindre, les Maiftres Teinturiers feront payez par preference à tous creanciers fur les deniers en provenans des fommes qui leur feroient deuës pour lefdites teintures des deux dernieres années feulement, pourveu que les parties en foient arreftées, attendu que c'eft œuvre de main, & que lefdites teintures augmentent le prix defdites Marchandifes, & pour le plus de leur doub y viendront par contribution.

LXI.

Amandes.

Toutes les amandes qui feront adjugées en confequence des prefents Statuts & Reglemens, & pour les contraventions à iceux, feront applicables, Sçavoir, moitié à fa Majefté, un quart aux Gardes de la Draperie ou au Iuré Teinturier qui auroit fait faire la faifie, & l'autre quart aux pauvres de l'Hofpital dudit lieu où les jugemens feront rendus.

LXII.

Affemblée pour la Police des Teintures par chacune année.

Et pour connoiftre fi les Gardes des Marchands Drapiers & le Iuré Teinturier fe feront bien acquittez du devoir de leur Commiffion, & exactement executé les prefens Reglemens & Statuts, & pour rechercher d'autant plus les moyens de perfectionner les Teintures : Attendu qu'en icelle confifte la beauté, le bon ufage & le debit des Marchandifes de Draperie, Sergeterie & autres Etoffes de laine dans toutes les Villes du Royaume où il y a & aura cy-apres Corps & Communauté de Teinturiers, les Officiers de Police des Arts & Manufactures defdites Villes feront affembler pardevant eux, aux lieux ordinaires & accouftumez pour les Affemblées au mois de Ianvier de chacune année, les Gardes en charge des Marchands Drapiers & Iuré Teinturiers, avec ceux qui feront fortis de charge l'année precedente, & fix autres perfonnes de l'une & l'autre Communauté, telles qu'ils les voudront choifir : Enfemble

femble deux Notables Bourgeois, afin que lefdits Gardes &
Iuré en charge informent l'Assemblée de l'estat auquel seront
lefdites Teintures, de leur progrés, des moyens qu'ils jugeront
necessaires pour leur perfection, & de l'obeïssance ou des contraventions qu'ils auront remarquez avoir esté faites aux prefents Statuts, & les remedes qu'il conviendra d'y apporter; pour
estre sur le tout par ladite assemblée donné son avis de ce qu'elle jugera le plus utile & raisonnable pour le bien public, & le
Commerce des Marchandises qui passent par la teinture : & le
lendemain desdites Assemblées, lefdits Officiers de Police af-
sistez defdits Gardes & Iuré se transporteront dans les Maisons,
Ouvroits & Magazins defdits Teinturiers, pour y faire examiner en leur presence la qualité des matieres & ingrediens que
lefdits Teinturiers employeront dans leurs teintures, & se faire
representer les échantillons de bon teint, & les marques destinées pour marquer lefdites Marchandises teintes, afin de voir
si le tout sera en conformité de ce qui a esté ordonné par les
présents Statuts; ce fait en dresser leur procés-verbal, & sur le
tout ordonner ce qu'il appartiendra par raison, dont sera fait
mention sur les Registres des Communautez defdits Marchands Drapiers & Teinturiers, & donner avis par lefdits Officiers de Police au Surintendant des Arts & Manufactures de
France un mois apres lefdites Assemblées, le tout gratuitement & sans frais.

EXTRAIT DES REGISTRES
du Conseil d'Estat.

LE Roy ayant fait rechercher les moyens necessaires pour
perfectionner les Manufactures des Draps & Serges de
laine qui se font dans son Royaume, afin d'en augmenter le
Commerce pour l'utilité de ses Sujets, il auroit esté proposé à
sa Majesté par les Marchands Drapiers & Sergers de plusieurs
Villes où lefdites Manufactures sont établies divers Reglemens & Statuts pour leur Fabrique, lesquels sa Majesté auroit

Arrest de renvoy desdits articles aux Officiers de Police de Paris pour y donner leur advis

N

approuvés', & fur iceux fait expedier les Arrefts de fon Confeil & fes Lettres Patentes pour les authorifer. Mais comme les
Teintures defdites Manufactures ne font pas de moindre confequence au Public que la Fabrique & conftruction d'icelles,
l'une & l'autre eftant neceffaire pour leur beauté & bon ufage,
les Maiftres & Gardes des Marchands Drapiers de la Ville de
Paris qui en font le plus grand Commerce, auroient reprefenté à fa Maiefté les abus qui fe commettent aufdites teintures, & les moyens pour y remedier, qui font amplement contenus en foixante-deux Articles qu'ils ont dreffez pour ce fuiet,
dont ils demandent l'approbation de fa Maiefté, & qu'il luy
plaife faire expedier fes Lettres Patentes fur iceux en forme de
Statut & Reglement Genéral. A quoy fa Maiefté defirant pourvoir avec une parfaite connoiffance, oüy le rapport du fieur
Colbert, Confeiller ordinaire de fa Maiefté en fes Confeils, &
Controolleur Genéral de fes Finances : SA MAJESTE' EN SON
CONSEIL ROYAL de Commerce a renvoyé & renvoye lefdits
Articles au Lieutenant du Prevoft de Paris pour la Police, & au
Procureur de fa Maiefté au Chaftelet, pour y donner leur avis,
& iceux vûs & rapportez audit Confeil, eftre pourvû ainfi qu'il
appartiendra par raifon. Fait au Confeil d'Eftat du Roy tenu à
S. Germain en Laye le 20. jour de May 1669.

Avis des Officiers de Police.

VEv par Nous Gabriel Nicolas de la Reynie, Confeiller
du Roy en fes Confeils d'Eftat & Privé, Maiftre des Re-
queftés ordinaire de fon Hoftel, & Lieutenant de Police de la
Ville, Prevofté & Vicomté de Paris : Et Armand Iean de
Riants auffi Confeiller du Roy en fes Confeils, & fon Procureur au Chaftelet de Paris, les Articles cy-deffus au nombre de
foixante-deux, prefentez à fa Majefté par les Maiftres & Gardes de la Marchandife de Draperie de cette Ville de Paris, à
ce qu'il luy pleuft les approuver, & faire expedier fur iceux
fes Lettres Patentes en forme de Statuts & Reglement General pour les Teintures en grand & bon Tein, des Draps, Serges, & Etoffes de laine uniformément qui fe manufacturent
dans le Royaume : L'Arreft du Confeil du vingtiéme May dernier, par lequel le Roy en fon Confeil Royal de Commerce

nous a renvoyez lesdits Articles, pour sur iceux donner nostre avis. La Requeste à nous presentée par ledit Procureur du Roy, par laquelle il nous auroit requis avant que donner nostre avis, que six Marchands Drapiers de cette Ville de Paris, & quatre anciens Maistres Teinturiers fussent oüis pardevant Nous en sa presence sur lesdits Articles, à quoy ayant esté satisfait.

Nostre avis est sous le bon plaisir de sa Majesté, que lesdits Articles sont utils au Public, & tres-necessaires pour le restablissement & perfection des Teintures des Etoffes, Marchandises & Manufactures de laine qui sont fabriquées en France, tant pour l'usage & consommation qui s'en fait dans le Royaume, que pour en augmenter le debit dans les Païs Estrangers. FAIT à Paris le 13. Iuillet 1667. Signé, DE LA REYNIE, & DE RIANTS.

Lettres Patentes d'approbation desdits Statuts & Reglemens.

LOVIS par la grace de Dieu Roy de France & de Navarre : A tous presens & à venir, Salut : Les Maistres & Gardes des Marchands Drapiers de nostre bonne Ville de Paris Nous ayant remontré, que l'abus qui se commet aux teintures des Draps & Serges qui sont manufacturées dans nostre Royaume est si grand & de telle consequence à nostre Estat, qu'à ce sujet le Negoce qui se faisoit desdites Manufactures dans le Levant a cessé entierement depuis quelques années, & celuy qui s'en fait dans nostre Royaume a diminué de plus de moitié, & à cette proportion le Commerce des Marchandises Estrangeres de mesme espece s'y est augmenté, ce qui procede particulierement de la mauuaise composition desdites teintures & des faux ingrediens que les Maistres Teinturiers y mélent. Pour à quoy remedier, lesdits Maistres & Gardes de la Draperie Nous auroient presenté des Articles en forme de Statuts, Ordonnances & Reglemens pour les Teintures en grand & bon teint de toutes lesdites Manufactures de laine, lesquels ils Nous ont tres-humblement supplié de vouloir approuver, & sur iceux faire expedier nos Lettres à ce necessaires. A CES CAVSES, de l'avis de nostre Conseil Royal de Commerce, qui a veu & examiné lesdits Articles au nombre de soixante-deux, l'Arrest de nostredit Conseil du 20. May dernier, portant renvoy d'iceux au Lieutenant de Police, & à nostre Procureur au Chastelet de Paris pour y don-

52

ner leur avis : ledit avis eſtant au bas deſdits Articles du 13. Iuillet
dernier, le tout cy-attaché ſous le contre-ſéel de noſtre Chancellerie : Nous avons par ces preſentes ſignées de noſtre main, & de noſtre grace ſpeciale, pleine puiſſance & authorité Royale, approuvé & confirmé, approuvons & confirmons leſdits Articles de Statuts,
Ordonnances & Reglemens pour les Teintures en grand & bon
teint des Manufactures de laine & de fil. VOVLONS que dans
toute l'étenduë de noſtre Royaume, Terres & Seigneuries de noſtre obeïſſance, ils ſoient gardez, obſeruez & executez de poinct
en poinct ſelon leur forme & teneur. SI DONNONS en mandement à nos amez & feaux Conſeillers les Gens tenans noſtre
Cour de Parlement de Paris, que ces preſentes & leſdits Articles
de Statuts & Reglemens ils faſſent lire, publier, regiſtrer, garder
& obſerver, ſans y contrevenir ny ſouffrir qu'il y ſoit contrevenu :
nonobſtant toutes choſes à ce contraires, auſquelles nous auons
dérogé & dérogeons : Et parce que des preſentes & deſdits Statuts
& Reglemens l'on pourroit avoir affaire en pluſieurs lieux : Voulons qu'aux coppies collationnées d'iceux par l'un de nos amez &
feaux Conſeillers & Secretaires, foy ſoit ajoûtée comme aux Originaux : CAR tel eſt noſtre plaiſir. Et afin que ce ſoit choſe ferme &
ſtable à toûjours, Nous avons fait mettre noſtre Séel à ceſdites
preſentes, DONNE' à ſaint Germain en Laye le   jour
d'Aouſt l'an de grace 1667. Et de noſtre Regne le vingt-ſeptiéme.
Signé, LOVIS. Et plus bas, Par le Roy, COLBERT. Et ſcellé du
grand Sceau de cire verte ſur lacs de ſoye rouge & verte. Et ſur
le reply eſt encore écrit.

Leû, publié, regiſtré, ouï, & ce requerant le Procureur General
du Roy, pour eſtre executé ſelon leur forme & teneur. A Paris en
Parlement, le Roy y ſeant en ſon Lit de Iuſtice, le 13. Aouſt 1669.
Signé, DV TILLET.

Collationné aux Originaux par moy Conſeiller Secretaire
du Roy, Maiſon, Couronne de France, & de ſes Finances.

STATVTS, ORDONNANCES ET

Reglemens, que fa Majeſté veut eſtre obſervez, par tous les Marchands Maiſtres Teinturiers en ſoye, laine & fil des Villes & Boúrgs de ſon Royaume.

PREMIEREMENT.

Corps & Commu-nauté.

ESDITS Marchands Maiſtres Teinturiers en ſoye, laine & fil de chacune Ville, demeureront unis & ne feront qu'une ſeule & meſme Com-munauté, à la charge neanmoins que les Maiſtres Teinturiers en ſoye ne pourront teindre ny ven-dre que de la ſoye. Comme auſſi les Teinturiers en laine & fil ne pourront teindre ny debiter que de la laine & du fil ou des eſtoffes de meſme qualité, à la reſerve des eſtoffes ou marchandiſes qui auront eſté déja teintes, la liberté demeurant à tous Maiſtres Teinturiers de teindre indifferemment toutes ſortes d'eſtoffes neuves ou uſées, tant de ſoye, que de laine ou de fil. Et en conſequence de ce à l'advenir, ceux qui ſeront receus Maiſtres Teinturiers en ſoye, laine & fil, ne ſe-ront tenus de faire Chef-d'œuvre que ſur l'une deſdites tein-tures de ſoye, de laine ou de fil, & ſur celle des trois qu'ils choiſiront, & dont ils voudront travailler; Et quand aux Mai-ſtres de la Communauté deſdits Teinturiers de ſoye, laine & fil qui ſont à preſent, & qui ont eſté déja receus; Ils ſeront tenus

O

d'opter & de faire leurs declarations fur le Regiftre de la Communauté, en quelle des trois fortes de teintures ils voudront travailler, & ce dans trois mois du jour de la publication du prefent Reglement à peine de trois cens livres d'amende contre chacun des contrevenans; Et ladite option eftant faite, ne pourront lefdits Maiftres travailler en autre teinture qu'en celle qu'ils auront choifie fous les mefmes peines, & confifcation des eftoffes & marchandifes; auront neantmoins lefdits Maiftres qui fe trouveront à prefent receus la liberté de changer l'option qu'ils auront faite pour une fois; en faifant prealablement leur declaration par efcrit aux Jurez qui feront en charge, & fur le livre de ladite Communauté dans deux mois, apres lefquels ils n'y feront plus receus. Ce qu'ils feront pareillement tenus de faire devant le Juge de police & fans frais.

II.

Election des Gardes & Jurez.

POUR maintenir dautant plus lefdits Maiftres Marchands Teinturiers dans l'union & la bonne intelligence en laquelle ils doivent vivre; Et pour tenir la main à l'execution des prefens Reglemens, fera nommé par chacun an à la pluralité des voix le mefme jour que les élections ont efté cy-devant faites, & pour les lieux où n'en a efté fait à tel jour qui fera reglé par les Officiers qui ont droit de le faire, le nombre des Gardes ou Jurez dudit Art de Teinturier qu'ils aviferont bon eftre, eu égard aux lieux où fe font lefdites élections, fçavoir, dans les Villes où il y a Teinturiers en foye, laine & fil fera éleu pareil nombre de Teinturiers en foye que de Teinturiers en laine & fil, c'eft à dire que quand l'élection fera de quatre Jurez, il y en aura deux en foye, un en laine & un en fil, & s'il y en a plus le mefme ordre & proportion fera obfervé, & dans les Villes où il n'y aura que des Teinturiers en laine & fil, le nombre des Jurez de l'une & l'autre qualité fera égal; lefquels Gardes & Jurez prefteront le ferment pardevant lefdits Officiers de bien & deuëment exercer leur commiffion pendant le temps d'icelle, qui ne pourra eftre moins que d'une année, & les Jurez fortans de charge fera procedé à nouvelle élection; mais de maniere qu'il y aye toûjours moitié de Jurez Teinturiers en foye & l'autre moitié en laine & fil, & qu'il y refte moitié des anciens pour inftruire les nouveaux, & ainfi fucceffivement d'année en année le mefme ordre fera toufiours obfervé ; feront tenus lefdits Jurez de bien & deuëment faire leurs charges, de rechercher en faifant leurs vifites chez tous les Maiftres Teinturiers les contraventions qui pourroient eftre faites au prefent Reglement, & d'en faire leurs rapports en la maniere accouftumée au Juge de police des Manufactures, & feront lefdits Gardes ou Jurez vifitez par deux Maiftres du mefme Corps qui feront auffi choifis & nommez à la pluralité des voix le mefme jour de l'élection defdits Jurez, fans qu'ils puiffent faire vifite que chez lefdits Jurez, ny à caufe de ladite commiffion pretendre rang ny voix deliberative autre que celle de leur ancienneté; Ne pourront lefdits Maiftres dudit Art faire aucunes brigues, feftins & autre depence en quelque maniere que ce foit, pour eftre éleu Garde ou Juré devant ny apres l'élection, à peine de cent livres d'amende contre chacun de ceux qui auront fait lefdites brigues, donné ou accepté lefdits feftins, dont fera delivré executoire par le Juge de police contre les contrevenans. Et un mois apres que lefdits Jurez feront fortis de charge ils feront tenus de rendre leur compte en prefence des fix anciens qui auront paffé par les charges, & de trois modernes de toutes les qualitez des Teinturiers en foye, laine & fil, & fans frais.

Vifites fur les Jurez.

III.

L E s Maiftres Gardes ou Jurez en charge chacun à leur égard feront tous les ans quatre vifites generales chez les Maiftres Teinturiers en foye, laine & fil, & chez les Plieurs de foye, pour chacune defquelles chacun Maiftre Teinturier leur payera dix fols, & leur donnera fon nom, & les noms & furnoms de fes Fils Apprentifs & Compagnons, pour connoiftre s'ils ont efté enregiftrez fur le Livre de la Communauté dudit Corps ; Et en cas que lefdits Gardes ou Jurez trouvent de la defectuofité en quelques unes defdites teintures ils pourront faire faifir & enlever les chofes mal teintes en vertu du prefent article collationné par un Confeiller & Secretaire de fa Majefté fans demander viza ny pareatis à aucuns Juges, eftant affifté d'un Officier de Juftice; à cet effet, tous les Maiftres Teinturiers & Plieurs de foyes feront tenus d'ouvrir aufdits Jurez leurs maifons, magazins & bou-

Vifites generales.

tiques. Et lorſque leſdits Maiſtres Teinturiers ſortiront de charge, ils remettront entre les mains de ceux qui leur ſuccederont
tous les Regiſtres & Papiers de ladite Communauté avec les
Rôlles où ſont inſcrits les noms & ſurnoms des Maiſtres, Fils
de Maiſtres, Compagnons & Apprentifs qu'ils auront trouvé
en faiſant leurs viſites travaillans auſdites teintures.

IV.

Pour empeſcher les fraudes & abus des teintures ſera à l'advenir obſervé ce qui enſuit.

V.

Luſtre.

Premierement: Comme le luſtre de la ſoye en eſt la prin-
cipale qualité, & qu'il eſt important de le donner en perfection,
ce qui depend particulierement de bien decreuzer ladite ſoye :
Tous les Maiſtres Teinturiers en ſoye ſeront tenus de bien &
deuëment faire cuire & decreuzer toutes ſortes de ſoyes de quelque couleur que ce ſoit, ſans exception, avec bon ſavon blanc,
defences d'employer de noir, duquel ſavon blanc leſdites ſoyes
ſeront apres bien degorgées en les battant & lavant dans la Riviere; enſuite ſeront miſes dans un bain d'alun de Rome tout à
froid, & non à chaud, attendu que la chaleur dans l'alun pert
le luſtre de la ſoye, & de plus le rend rude & acre.

VI.

Toutes les ſoyes pour teindre en Cramoiſy apres eſtre bien
degorgées de leur ſavon, comme dit eſt cy-deſſus, ſeront alunées fortement, & puis bien lavées & batuës afin de les degor-
ger dudit alun, & enſuite ſeront miſes dans vn bain de cochenille chacune ſelon ſa couleur en la maniere qui ſera expliquée
cy-apres.

VII.

Teintures de ſoye.

Les Rouges & Eſcarlates Cramoiſy, ſeront faites de pure Cochenille maeſtrecht y adjouſtant la galle à l'eſpine, le terameri-
ta, l'arcenic & le tartre de Montpellier, le tout mis enſemble
dans une chaudiere pleine d'eau claire, preſque boüillante, & la
ſoye eſtant preparée, comme il eſt dit cy-devant, ſera miſe dans
ladite Chaudiere pour y boüillir inceſſamment l'eſpace d'u-
ne heure & demie, apres quoy ladite ſoye ſera levée, & le feu
oſté de deſſous la chaudiere, laquelle ſoye eſtant froidie par l'é-

vant

vant qu'on luy fera prendre, Elle fera rejettée dans le refte dudit
bain de cochenille & mife àfonds pour y demeurer jufques au
lendemain, fans y mefler devant ny apres aucun brefil, orfeille,
rancourt ny autre ingredien pour quelque caufe que ce foit, à
peine de cent cinquante livres d'amende pour chacune contravention.

VIII.

LES Violets Cramoify, feront auffi preparez, comme dit
eft, & faits de pure cochenille avec la galle à l'efpine plus mode-
rement qu'au Rouge, l'arfenic, & le tartre, puis boüilly comme les autres cy-deffus, Et enfuite bien lavez & paffez dans une
bonne cuve dinde, & dans fa force, fans mélange d'autres ingrediens.

IX.

LES Canellez ou tannez Cramoify, feront faits comme les
Violets cy-deffus, & s'ils font clairs on les pourra rabatre avec la
couperofe; mais s'ils font bruns & violets feront paffez fur une
cuve dinde mediocre, fans mélange d'autres ingrediens.

X.

LES Bleus pafles & bleus beaux feront teints de pure cuve
dinde.

XI.

LES Bleus Celeftes ou complets auront pied d'orfeille de
Lyon autant que la couleur le requierera, puis paffez fur une
bonne cuve auffi dinde.

XII.

LES Gris de lin filvie ou aubifoin feront d'orfeille de Lyon ou
Flandre, puis rabbatus avec un peu de cuve dinde, fi befoin eft,
ou de la cendre gravelée.

XIII.

LES Citrons feront alunez, puis teints de gaude avec un peu
de cuve dinde.

XIV.

LES Jaunes de graines feront alunez, puis forts de gaude, &
mefme couverts avec un peu de bain de rancourt fuivant la
couleur.

XV.

LES Jaunes pafles feront alunez & teints de gaude feule.

P

XVI.

Les Aurores pasles & brunes seront alunées, puis gaudez fortement, & ensuite rabbatus avec le rancourt, lequel sera preparé & dissous avec cendre graveliée potasse ou soulde.

XVII.

Les Izabellès pasles & dorées seront teintes avec un peu de rancourt preparé comme dessus, & sur le feu.

XVIII.

Les Orangers seront teints sur le feu de pure rancourt preparé, comme dessus, & les bruns seront ensuite alunez, & on leur donnera un petit bain de brezil si besoin est.

XIX.

Les Ratines ou couleur de feu auront mesme pied de rancourt que les orangers, puis seront alunées, & on leur donnera un bain ou deux de brezil, suivant la couleur.

XX.

Les Escarlattes ou rouges rancez n'auront de pied de rancourt que la moitié de ce qui s'en donne aux orangers, puis seront alunées, & ensuite on leur donnera deux bains de brezil.

XXI.

Les Celadons verds de pomme, verds de mer, verds naissans & verds gais, seront alunez, & en suite gaudez avec gaude ou sarrete suivant sa nuance, puis passez sur la cuve dinde.

XXII.

Les Verds Bruns seront alunez, gaudez avec gaude, ou sarrete & passez sur une bonne cuve dinde, puis rabbatus avec le verdet & le bois dinde.

XXIII.

Les Feüilles mortes seront alunées, puis teints avec la gaude & fustel, & rabbatus avec la couperose.

XXIV.

Les Olives & verds roux seront alunés, puis montez de gaude & fustel, & rabbatus avec le bois dinde & couperose.

XXV.

Le Rouge Incarnat & Rose seront alunez & faits de pur bresil.

XXVI.

Les Canelez & Rofo faiche feront alunez & faits de brefil & bois dinde.

XXVII.

Le Gris violant fera aluné & fait de bois dinde.

XXVIII.

Les Violets feront montez de brefil, bois dinde ou de l'orfeille, puis paffez fur la cuve dinde.

XXIX.

Les Gris plombez feront tous faits de fuftel, ou avec de la
gaude ou farrete, bois dinde, eaux de galle & couperofe.

XXX.

Les Mufcs minimes, gris de maure, couleur de Roy & de
Prince, triftamie, noifettes & autres de couleur femblable feront faits de fuftel, brefil, bois dinde & couperofe.

XXXI.

En toutes lefquelles couleurs ne fera donné aucune furcharge de galle à peine de cent cinquante livres d'amende pour chacune contravention, attendu que c'eft fauffeté, & que ladite
furcharge appezantit les foyes ce qui caufe une notable perte
à ceux qui les acheptent & employent.

XXXII.

Les Groffes foyes pour mettre en noir feront bien decreufées
avec favon blanc & non noir, & enfuite bien lavées & torfes,
puis feront mifes en corde ou dans des baftons, apres quoy on
fera boüillir un bain de galles appellé vieille galle, & une heure
& demie apres qu'elle aura bien boüilly, la foye fera mife dans ledit bain de galle, & laiffée pendant un jour & demy, ou deux
jours; puis fera tirée dudit bain & bien lavée dans de l'eau claire, & apres torfe : Enfuite fera mife dans une chaudiere de galle neuve, où ne fera mis de galle fine que la moitié de la pefanteur de la foye, pour y demeurer un jour ou deux au plus, & apres
fera lavée & torfe, puis paffée fur la teinture noire & baillé trois
feux au plus, & non davantage; apres fera bien battuë & bien lavée, puis addoucie avec du favon blanc de bonne qualité, & non
autre ; & enfuitte torfe & mife feicher.

XXXIII.

Lesdits Maiſtres Teinturiers ne pourront paſſer leſdites ſoyes noire plus de deux fois dans la galle, ny de les paſſer dans l'alun, ny auſſi bailler aucun noir entre deux galles, ny meſler aucun noir avec les galles, ains le noir ſera donné ſur de la galle blanche, ny faire aucun biſcuit, ny faux noir, à peine de deux cens livres d'amende pour chacune contravention, & de fermer la boutique du contrevenant pendant ſix mois pour la premiere fois, & d'interdiction de la Maiſtriſepour touſiours en cas de re-cidive; attendu que cela bruſle & ſurcharge les ſoyes. Et ſur les meſmes peines ne pourront auſſi paſſer dans la galle aucunes ſoyes couleur de triſtamie, canelle, minime, pain bis, gris ſal-le, feüille morte & generalement toutes ſortes de couleurs, ex-cepté le gris brun; lequel gris brun ſera decreuzé & puis lavé & tors, & apres mis à froid dans une vieille galle, & enſuite lavé, & mis ſeicher, ſans mettre de la moullée de taillandier à au-cun noir ſur les meſmes peines que deſſus.

XXXIV.

Et quant aux ſoyes noires fines, elles ſeront decreuzées, la-vées & torſes, de meſme qu'il eſt dit cy-deſſus pour la groſſe ſoye noire; & apres on fera boüillir de la galle neuve pendant une heure, puis la ſoye y ſera miſe une fois ſeulement, & enſuite lavée torſe & paſſée ſur le noir deux ou trois fois auplus, apres bien lavée & adoucie avec du ſavon blanc, & non autre; & puis miſe ſur les perches pour ſecher.

XXXV.

Les Gris noirs (vulgairement appellez Gris minimes) ſeront engallez, comme le noir & paſſez ſur la teinture noire autrement appellé un feu, une fois ſeulement.

XXXVI.

Et pour le regard des ſoyes fines organcinées; moulinées & appareillées pour eſtre employées en eſtoffes de ſoye, meſme les poils ou trames de quelques qualitez qu'ils ſoient, leſdites ſoyes ſeront teintes ſeulement avec des galles legeres, ſçavoir, qua-tre onces de galle fine pour chaque livre de ſoye ſans alun, ny aucune autre ſurcharge à peine de confiſcation, & de cent livres pour chacune contravention.

XXXVII.

XXXVII.

NE Pourront lefdits Maiſtres Teinturiers mettre dans le Bain d'alun les ſoyes blanches ſans ſoulphre, tant pour filer l'argent, que pour faire autres ouvrages, à peine de confiſcation.

XXXVIII.

COMME auſſi ne pourront leſdits Maiſtres Teinturiers teindre aucunes ſoyes en noir ny couleur à demy bain vulgairement appellé teint ſur le cru, mais feront toutes ſortes & qualitez de ſoyes bien & deuëment cuittes & decreuzées, côme il a eſté dit cy-devant, à peine d'eſtre leſd. ſoyes confiſquées & de cent livr. d'amende pour chacune contravention. Et neantmoins, attendu que pour les petits velours à un poil qui ſe font en la ville de Lyon ſeulement, & pour les creſpes ou creſpons, gazes & toilles de ſoye qui ſe font en pluſieurs lieux, on a neceſſairement beſoin de ſoyes teintes ſur le cru, il ſera anuellement nommé par les Officiers de police des Manufactures un Maiſtre Teinturier, lequel pourra ſeul, à l'excluſion de tous autres, teindre pendant ladite année les ſoyes ſur le cru, pour leſdits petits velours de Lyon, leſdits creſpes, creſpons, gazes & toilles de ſoye ſeulement, & non pour autres Eſtoffes, à condition toutefois que ledit Maiſtre Teinturier ainſi nommé & choiſi pour une année tiendra Regiſtre, qui ſera paraphé par le Greffier dudit Juge de police des Manufactures de toutes leſd. ſoyes par luy teintes ſur le cru, des noms de ceux qui les auront données à teindre; duquel Regiſtre il donnera communication ſans deplacer aux Gardes & Jurez en charge du Corps des Marchands Maiſtres Ouvriers en ſoye, toutes fois & quantes qu'il en ſera requis, pour par leſdits Jurez Ouvriers en ſoye connoiſtre ſi toutes leſdites ſoyes ſeront employées auſdites Fabriques de petits velours de Lyon, & aux creſpes, creſpons, gazes & toilles de ſoye, & éviter les fraudes & abus qui s'y pourroient commettre en les employant à d'autres Eſtoffes, à peine contre ledit Teinturier nommé & choiſi, comme dit eſt, ne tenant ledit Regiſtre, ou qui en refuſeroit la communication, ou qui tiendroit d'autres Eſtoffes que celles cy-deſſus ſur le cru, & contre les autres Teinturiers non nommez qui teindroient deſdites ſoyes ſur le cru, de cent livres pour chacune contravention & d'interdiction de la fonction de ſon exercice pour ſix mois.

XXXIX.

Teintu-
res des
Laines. POVR auffi faire foigneufement & exactement obferver la bonne teinture aux laines, qui feront employées en tapifferie & autres ouvrages, elles feront teintes à l'advenir en la maniere cy-aprés.

XL.

PREMIEREMENT les Violets & Amarante Cramoify, feront faits de cuve & Cochenille, fans y mefler de l'orfeille, ný autres ingrediens.

XLI.

LES Couleurs de Roze ou Pourpre, feront faites de cochenille, fans les rabatre d'orfeille.

XLII.

LES Rouges bruns de bon teint, feront faits de cume & rabattus de garance, fans y mefler du brefil.

XLIII.

LES Efcarlates & Incarnats couleur de feu, Orangé, Jaune doré & Izabelle feront teintes de tourre teinte en garance, fans mefler du fuftel.

XLIV.

LES Bleus vert-gay, Vert de pomme, Vert de chou, Vert d'olive, Vert de mer, Vert d'œillets & celadon, feront gaudez & paffez en cuve, fans les brunir avec du bois d'Inde.

XLV.

LES More doré & Feüilles mortes & Vert Roux, feront gaudez & paffez en cuve.

XLVI.

LE Noir de bon teint, fera teint en bleu & rabattu de galle à l'épine & couperofe, fans y mettre de la moullée de taillandier.

XLVII.

LES Couleurs communes feront teintes de galle à l'épine, & toutes fortes d'ingrediens, que lefdits Teinturiers jugeront les plus propres pour leur bonté.

XLVIII.

LES Gris & Noirs communs feront teints de galle à l'épien & couperofe.

XLIX.

Les Couleurs de feu, Orangez & Nacarats, feront teints de bourre teinte en garance.

L.

Les Ratines de Beauvais, Moüy, Merlou, Serges de Londre & d'Aumalle, Barracans & Revefches pour eftre faites Rouges, feront teintes en garance.

LI.

Toutes fortes de Serges, Camelots, Eftamines, Ratines de Roüen, Diepe, Beauvais, Londre, & façons de Londre, Aumalle, Chaalons, Chartres, Moüy, Revefches & Barracans, pour eftre mis en couleur de Nacarat & Incarnadin, feront teintes de bourre teinte en garance.

LII.

Lesdites Serges de Londre & façon, celles de Moüy, Chaalons, Chartres, Aumalle, Camelots & Eftamines pour Cramoify, Violet, Penfée, Gris & Rouge, feront teints de Cochenille.

LIII.

Lesdites Serges de Londre, Moüy, Merlou, Aumalle, Chaalons, Chartres, Ypres, Afcot, Camelots, Eftamines, Ratines de Roüen, Beauvais, Dieppe, Revefches de Beauvais, d'Angleterre, & Barracans pour faire noir, feront teintes en bleu, peirs, galles & couperofe.

LIV.

Lesdites Serges & Revefches cy-deffus exprimées pour le vert & le bleu feront teintes de paftel de Languedoc.

LV.

Pourront lefdits Marchands Teinturiers en laine blanchir toutes fortes de toilles de lin, cotton, chanvre, fils, Camelots, Serges, Ratines & Eftamines neufve ou vieilles, bas d'eftames, comme auffi vendre & negocier des canevats de toutes fortes de largeur pour faire des tapifferies feulement.

LVI.

Sera teint par chacun an des échantillons defdites laines de mefme pied, nuance & couleur & en la maniere preferite pour les échantillons des foyes en l'article quatre-yingts du prefent

Reglement, pour en eſtre uſé ainſi qu'il eſt dit par iceluy au regard des teintures deſdites laines.

LVII.

ET comme il importe auſſi que le fil ſoit teint de bonne tein-ture afin de ne rien omettre de ce qui en peut faire la beauté & le bon uſage, la teinture des fils de toutes ſortes & qualitez ſera obſervée par les maiſtres Teinturiers en fil, comme il ſera dit cy-aprés.

LVIII.

PREMIEREMENT, avant que de mettre aucun fil à la tein-ture il ſera deſcrué ou leſſivé avec bonne cendre, & aprés retors, & lavé en eau de Riviere ou de Fontaine, & auſſi retors.

LIX.

LE Fil pers appellé vulgairement fil à marquer, retors & ſim-ple & le bleu brun clair & mourant ſeront teints avec inde platte ou indigo.

LX.

LE Vert gay ſera premierement fait bleu, & enſuite rabattu avec bois de campeſche & verdet, puis gaudé.

LXI. & LXII.

LE Vert brun ſera fait comme deſſus, mais bruny davantage & puis gaudé.

LXIII.

LE Citron jaune paſle & plus doré ſera teint avec gaude & fort peu de rancourt.

LXIV.

L'ORANGER Izabelle couvert, Izabelle paſſé juſques au clair & aurore, ſera teint avec fuſtel, rancourt & gaude.

LXV.

LE Rouge clair & plus brun, Ratine claire & plus couverte, ſeront teints avec breſil de frenembour, & autre & rancourt.

LXVI.

LE Violet roze ſeche, amarante claire ou brune, ſera teint avec breſil, & rabattu avec la cuve d'inde ou indigo.

LXVII.

LE Feüille morte claire & plus brune & la couleur d'olive, ſera bruny avec galle & couperoſe, & rabbattu avec gaude,

ranç

rancourt ou fuſtel ſuivant l'échantillon.

LXVIII.

LE Minime brun & clair, muſc brun & clair, ſera bruny avec galle & couperoſe, & rabbattu avec gaude, rancourt ou fuſtel.

LXIX.

LE gris blanc, gris ſalle, gris brun, de caſtor, de breda & de toutes autres ſortes de gris, ſeront brunis avec galle à l'eſpine & couperoſe & rabbatus avec gaude, fuſtel, breſil, campeſché & autre ingrediens neceſſaires ſuivans les échantillons & le jugement de l'ouvrier.

LXX.

LE noir ſera fait de galle à l'eſpine & couperoſe, lavé & achevé avec bois de campeſché. Et pour d'autres noirs ils ſeront coroyez avec bouë, huile d'olive & cendre gravelée, ſans y employer de mauvaiſe huile.

LXXI.

NE pourront employer auſdites teintures autre ſavon que celuy de Gennes & d'Alican, ou de ſemblable bonté & qualité.

LXXII.

NE pourront auſſi meſler le fil de chanvre avec le fil de lin en bottes, plotons, ny retorts en quelque maniere que ce ſoit.

LXXIII.

TOUS les fils de lin du Royaume, de Flandres & autres pays eſtrangers, ne ſeront teints en bleu commun, mais ſeulement en cuve.

LXXIV.

LESDITS Teinturiers ne feront imprimer de bidauët aucunes toiles neuves ou vieilles, ny fil de lin, chanvre & cotton, qu'elles n'ayent de bonnes galles, & ne ſeront leſdites toiles empeſées ou collées pour callendrer, qu'elles ne ſoient bien & deuëment teintes.

LXXV.

L'ON ne breſillera aucunes toiles perces neuves ou vieilles, ny fil à marquer du linge, qu'elles ne ſoient teintes en bonne cuve, ſans qu'elles puiſſent avoir pied d'autres teintures; ny l'on ne debitera aucunes toiles neuves pour bon teint, qu'elles ne ſoient teintes de cuve.

R

LXXVI.

Lesdits Maiſtres Teinturiers ne pourront mettre des ſavons, huiles, graiſſes & autres ingrediens infects, gras & defectueux aux demy-Eſtades, Eſtadines, Satins de Bruges, Eſtamines, Futaines, & autres Marchandiſes & Ouvrages qu'ils feront calendrer.

LXXVII.

Amendes.

Toutes leſdites ſoyes, laines, fil & toiles, ſeront teintes en la maniere cy-devant exprimée, à peine de cinquante livres d'amende pour chacune contravention à l'égard des Articles où n'eſt fait mention de ladite peine.

LXXVIII.

Pour connoiſtre avec certitude la bonne ou mauvaiſe teinture dudit fil, il ſera teint des échantillons dudit fil, & uſé pour ce regard comme pour les ſoyes & laines ſuivant les cinquante-ſix & quatre-vingts Articles dudit preſent Reglement.

LXXIX.

Bon & petit teint.

Ne pourront leſdits Marchands Maiſtres Teinturiers en ſoye & eſtoffes de ſoye teindre en petit teint aucunes eſtoffes & ouvrages dépendans & appartenans aux Teinturiers du petit teint, ny leſdits Teinturiers du petit teint, teindre aucunes ſoyes ny eſtoffes de ſoyes, attendu que cela n'appartient qu'aux Teinturiers du bon teint, à peine de cent livres d'amende pour chacune contravention, & d'interdiction de leur exercice pour ſix mois.

LXXX.

Modelles des ſoyes & laines en cramoiſy.

Pour avoir des modelles de toutes ſortes de nuances en cramoiſy, ſur leſquels les épreuves auront eſté faites, ſera teint tous les deux ans aux frais de la Communauté deſdits Marchands Maiſtres Teinturiers, & à la diligence des premiers Gardes ou Jurez qui ſeront en charge quinze jours après leur élection, en preſence du Juge de police des Manufactures, ou de celuy qui ſera par luy commis à cet effet, & d'un Marchand Mercier & un Marchand Maiſtre Ouvrier en ſoye, qui ſeront nommez par ledit Juge de police & de quatre des plus anciens Maiſtres Teinturiers, dont deux travaillant en ſoye, un en laine & l'autre en fil ſçavoir, la quantité de deux livres de ſoye, de ſeize ſortes de nuance en cramoiſy, quatre rouges, quatre écarlates, quatre

violets, & quatre cannellez, & pareille quantité de laine de
mefme forte de cramoify, pour eftre lefdites deux livres de foye,
& deux livres de laine ainfi teintes, partagées en trois portions
également, & chacune d'icelles cachetée du fceau & marque
de la Communauté des Marchands Merciers, des Marchands
Maiftres Ouvriers en draps d'or, d'argent & foye, & defdits
Marchands Maiftres Teinturiers; & enfuite chacune portion
mife au bureau de chacune defdites Communautez pour y fervir d'efchantillons, dans la verification des fauffes ou veritables Teintures de cramoify. Et pour éviter encore les fraudes,
& particulierement celles qui fe pourroient faire par le meflan-
ge des Teintures de foye & de laine, ne pourront les Maiftres
Teinturiers loger ou demeurer plufieurs enfemble dans une
mefme maifon, ou tenir mefme boutique, s'ils ne travaillent
de mefme travail, & de femblable teinture, à peine de cinq
cens livres d'amende, & d'interdiction de la Maiftrife.

LXXXI.

Et pour connoiftre fi les foyes auront efté bien teintes en
cramoify en conformité defdits Efchantillons, & de la maniere
preferite par le prefent Reglement, ou s'il y aura efté contrevenu & mis de faux ingrediens; auffi fi lefdites foyes n'auront point efté engallées, & afin que les Juges qui en doivent
connoiftre foient perfaitement inftruits de la verité, & ne puiffent eftre furpris, les foyes qui feront faifies comme pretenduës
de fauffe teinture, feront débouillies par les Gardes ou Jurez
Teinturiers en prefence de celuy fur lequel la faifie en aura efté
faite, ou luy deuëment appellé pardevant & en la prefence du
Juge à qui la connoiffance en appartiendra en cette maniere,
fçavoir, le rouge cramoify avec de l'alun du poids de la foye,
l'efcarlatte cramoifie avec du favon approchant le poids de la
foye, & le violet cramoify avec de l'alun auffi pefant que la foye,
ou bien du jus de citron environ une chopine mefure de Paris
pour une livre de foye, plus ou moins à proportion, lefquels ingrediens feront meflez & mis dans l'eau claire quand elle commencera à boüillir, & enfuite les foyes feront mifes dans le mefme vaiffeau. Et aprés que les unes & les autres defdites foyes
auront boüilly environ un demy-quart d'heure, fera obfervé que

*Débouil
ly des
foyes*

fi les teintures font fauffes, le boüillon de la foye rouge fera violet, pour marque qu'elle aura efté teinte avec de l'orfeille, & s'il
eft fort rouge, c'en fera une qu'elle l'a efté avec du brefil, & fi
au contraire la teinture en eft bonne, l'eau aura peu de change-
ment. Pour l'efcarlatte cramoify, s'il y a du rancourt, le boüillon deviendra comme couleur d'aurore, & s'il y a du brefil, il
fera rouge: Quant au violet cramoify, s'il y a brefil ou orfeille,
le boüillon deviendra de couleur tirant fur le rouge, & pour
plus grande conviction des bonnes ou fauffes Teintures, il fera
mis dans le déboüilly des efcheveaux de foye, des efchantillons
mis au bureau de ladite Communauté des mefmes nuances &
couleurs que celles qui feront accufées de fauffeté, afin que par
la comparaifon de l'une à l'autre on puiffe certainement juger
de la bonne ou mauvaife qualité defdites teintures après ledit
déboüilly.

LXXXII.

ET pour connoiftre encore fi toutes les autres couleurs non
cramoifies, appellées couleurs communes, auront efté engallées, la foye fera mife dans de l'eau claire boüillante avec favon
ou cendre gravelée, environ la pefanteur de la foye, & le tout
ayant boüilly un boüillon, fera ladite foye retirée du vaiffeau où
elle aura boüilly: & lors fi elle eft furchargée de galle, toute la
couleur fe perdra, & ne reftera que la couleur que la galle luy
aura donnée, qui fera comme fetille-morte, ou couleur de bois.
Ou bien ladite foye fera mife dans de l'eau boüillante avec de-
my-feptier de jus de citron mefure de Paris, après quoy elle fera
tirée & lavée dans de l'eau froide, puis paffée dans la teinture
noire, enfuite dequoy fi ladite foye eft engallée, elle deviendra
noire, & n'eftant pas engallée elle deviendra couleur de triftamie ou pain bis. Et afin de connoiftre fi le noir eft par trop en-
gallé & furchargé de galle, limaille de fer, ou moullée de Taillandier, le déboüilly s'en fera dans de l'eau claire avec du favon pefant le double de la foye, & après avoir boüilly un boüillon, fi elle a efté furchargée, elle deviendra rougeaftre, & fi elle
ne l'a pas efté, elle confervera fa couleur.

LXXXIII.

Nul ne fe pourra ingerer, ny s'employer dans le negoce &
art

art de la Teinture des foyes, laine, fil, & étoffes en aucun lieu
du Royaume, s'il n'eft receu Marchand Maiftre Teinturier en
foye ou laine, ou fil, & fait Chef-d'œuvre en la manier dite
cy-deffus, à peine de trois cens livres d'amende, & de confifcation des marchandifes. Et parce que la Teinture eft un art qui
ne fe peut apprendre que par un long-temps & beaucoup d'experience, nul ne pourra à l'advenir eftre receu Maiftre dudit
art de Teinturier du bon teint de foye, de laine & fil, en quelque lieu que ce foit, qu'apres avoir efté apprentif & compagnon pendant fix années, & fait Chef-d'œuvre en la maniere
dite cy-apres, fi ce n'eft les compagnons forains qui le pourront
eftre au bout de quatre années, Nonobftant tous Edicts, Declarations, & Arrefts à ce contraires.

LXXXIV.

SERONT tous les Maiftres Teinturiers de foye, laine, & fil, Marque de
tenus d'avoir en leurs maifons, boutiques, & ouvroirs chacun Teinturiers.
un cachet & marque, ou d'un cofté fera gravé le nom & armes
de la Ville où ils demeurent, & de l'autre leur nom, pour eftre
ledit Cachet & marque appliquez & imprimez fur un plomb
qui fera attaché avec un fil fur les bottes de foyes, laine ou fil,
& au Chef & tefte des Eftoffes par eux teintes lors qu'ils les li-
vreront: En forte que ledit fil & plomb ne fe puiffent feparer
& ofter du lieu où ils feront appliquez fans une rupture vifible,
afin de pouvoir connoiftre par qui lefdites étoffes, foye, laine,
& fil feront teintes, de la bonté defquelles teintures ils demeureront garands & responfables: Et à cét effect chacun defdits Maiftres Teinturiers fourniront une empreinte de leurdite marque tant au Bureau de leur Communauté qu'en ceux des
Marchands Merciers & Marchands Maiftre Ouvriers en draps
d'or, d'argent, & de foye entre les mains des Maiftres Gardes
ou Jurez defdites Communautez en charge, qui feront tenus
d'en faire métion fur leurs regiftres, pour y avoir recours quand
befoin fera: Ne pourront lefdits Teinturiers vendre ny livrer
lefdites étoffes, ny les foye, laine, & fil en bottes, & aucunes
perfonnes les achepter ny recevoir fans eftre marquées commo
dit eft; Ne pourra encore le Teinturier mettre autre marque
que la fienne, le tout à peine de cent livres d'amande pour cha-

S

cune contravention, & de confiscation desdites étoffes, de
soye, laine & fil non marquez.

LXXXXV.

Registre pour
les soyes,
laines, & fil

SERONT tenus lesdits Maistres Teinturiers, ou leurs veufves
de tenir bon & fidel registre de toutes les soyes, laines, & fil,
étoffes, & marchandises qu'ils teindront de quelques qualitez
qu'elles soient pour y avoir recours quand besoin sera, lesquel-
es étoffes soye, laine & fil, ils montreront à ceux qui leur auront donnez pour teindre toutesfois & quantes qu'ils en seront
requis, à peine de trente livres d'amende pour chacun refus; &
ne pourront lesdits Maistre Teinturiers, défaire ny diviser les
pantines de soyes cruës ou teintes, ny les charger, humecter
huiller, ou engraisser en quelque maniere que ce soit; mais les
rendront en la forme qu'ils les auront receuës, à la reserve de la
teinture bien seiche & bien conditionnées, mesme les rochets
& bobines sur lesquelles elles seront devidées, lesquels rochets
seront à cet effet marquez par le Maistre auquel lesdites soyes
appartiendront, à peine de cinquante livres d'amende pour
chacune contravention, & des dommages & interests, de ceux
qui les auront données à teindre.

LXXXVI.

Privilege.

POURRONT lesdits Marchands Maistres Teinturiers en soye
vendre tât en gros qu'en détail de toute sorte de soyes cruës ou
teintes, fleuret, capiton, trames, & autres generalement quelconques de quelques natures & qualitez que puissent estre lesdites soyes, & lesdits Teinturiers en laine pourront vendre des
laines teintes; & pourront aussi les Teinturiers en fil, vendre du
fil de lin, chanvre, cotton, fil à marquer, fil à sangle & retorts
blanc, & autres couleurs & ruban de fil de toutes couleurs dont
se servent les Tapissiers, & autres marchandises qui leur ont esté
permises par Arrest, ainsi qu'ils ont fait par le passé; Et pourront aussi avoir seuls en leurs maisons, boutiques, ouvroirs, &
magazins des chaudieres ou fourneaux scellez & à sceller, cal-
landres, moulins, esparts, poteaux, chevilles, presses, & autres
ustancilles generalemêt quelconques, necessaires à leurs manufactures & negoce, deffenses à toutes autres d'en avoir; ET
pourront aussi lesdits Teinturiers donner l'eau & le lustre à

Outils & la-
bres des soyes.

toutes sortes d'étoffes de soye neuves, ou aux vieilles teintes ou non teintes, & joüiront lesdits Teinturiers de l'exemption du droit de haut-ban, & exposeront leurs ouvrages en leurs étalages, boutiques, & magazins, sans aucun trouble ny empeschement, ainsi que par le passé.

LXXXVII.

POURRONT lesdits Teinturiers de soye, laine, & fil, faire attacher à leurs maisons des perches pour tendre sur ruë lesdites soyes, laine & fil, étoffes, & autres ouvrages qu'ils auront teints, lesquelles perches ne pourront passer la moitié de la ruë, & lesdites étoffes & ouvrages descendre qu'à trois toizes prés de terre, suivant l'ancien usage.

LXXXVIII.

LESDITS Marchands Teinturiers en soye, laine, & fil, n'auront en leurs boutiques, ouvroirs, & magazins, autres poids pour pezer leurs marchandises, & d'aulnes pour les aulner que celles qui seront justes & ordinaires à tous les Marchands du mesme lieu de leur demeure, & qui ne soient estallonnées & marquées de la marque dudit lieu, à peine de trois cens livres d'amende, & d'interdiction de leur exercice.

Poids & mesures.

LXXXIX.

SI les soyes, laines, fil, & machandises teintes venoient à être saisies & venduës sur ceux qui les auront fait teindre, les Marchands Maistres Teinturiers seront payez par preference à leurs creanciers sur les deniers en provenans des sommes qui leur seront deuës pour lesdites teintures des deux dernieres années seulement pourveu que les parties en soyent arrestées, attendu que c'est œuvre de main, & que lesdites Teintures augmentent le prix desdites marchandises, & pour le surplus de leur deub y viendront par contribution.

Privilege.

XC.

LE temps des Aprentifs Teinturiers en soye, laine & fil sera de quatre années, & aucun Maître ne pourra prendre des Aprentifs pour moindre temps, le Brevet sera passé pardevant Notaire & Enregistré sur le Registre du Greffier de la police & sur celuy de la Communauté quinze iours apres la passation dudit brevet, & demeureront lesdits Aprentifs actuellement au service de

Aprentif.

leurs Maiftres, à peine de nullité s'il n'y a caufe legitime pour les
en difpenfer. Aucun Maiftre ne pourra prendre plus de deux A-
prentifs, donr le fecond ne fe pourra obliger qu'après l'expiration des deux années du premier. Huit iours aprés la fin de l'a-
prentiffage le Maiftre fera faire une experience de teinture à fon
Aprentif en prefence des Maiftres & Iurez en charge, & luy donnera certificat en bonne forme aprés ladite experience faite, fauf
à fe pourvoir pour ce qui luy pourra eftre deub à caufe dudit
Aprentiffage; puis fera ledit Aprentif Enregiftré au Livre des
Compagnons & pour ce payera trente fols aux Maiftres Iurez en
Charge. Ne pourront lefdits Maiftres obliger autres Aprentifs
qu'ils n'ayent fait faire lefdites experiences à ceux qui auront
fait leur temps, à peine de vingt-quatre livres d'amande, ny ne
pourront auffi lefdits Aprentifs s'abfenter de la maifon & fervice de leur Maiftre fans caufe legitime, iugée telle par le Iuge de
Police, permis aufdits Maiftres de les faire arrefter par tout où ils
fe trouveront pour leur faire achever leur temps, finon un mois
apres les auoir fait fommer à leur perfône ou domicile, ils pourront les faire rayer du Livre de la Communauté & en prendre
d'autres en leur lieu, fans que lefdits Aprentifs qui auront quitté le fervice puiffent fe prevaloir du temps qui fe fera écoulé
pendant leur abfence & premier Aprentiffage, faufaufdits A-
prentifs à s'obliger de nouveau à un autre Maiftre pour le même
temps de quatre années; apres lefquelles ils ne pourront eftre
admis à la Maiftrife qu'ils n'ayent fervy les Maiftres le mefme
temps de deux années en qualité de Compagnon. Les Compagnons forains ferviront les Maiftres quatre années. Ne pourra le
Maiftre congedier fon Aprentif fans caufe legitime iugée telle
par l'Officiel de Police, ny en prendre un autre, s'eftant abfenté
que le mois cy-deffus dit ne foit expiré, ny compofer avec fon
Aprentif pour le temps qu'il auroit perdu par abfence ou autrement à peine de trente livres d'amande. Et Arrivant qu'aucun
defdits Maiftres vint à s'abfenter de la Ville de fa demeure, ou
ceffer fon travail, lefdits Maiftres Iurez apres avoir pris connoiffance de la chofe, pourvoiront d'un autre Maiftre audit Aprentif un mois apres. Et ne pourront lefdits Maiftres débaucher ny
attirer chez eux l'Aprentif ou Compagnon d'un autre Maiftre,

ny

ny luy donner de l'employ directement ou indirectement à peine de soixante livres d'amande.

XCI.

Sı un Apprentif ou Compagnon font atteints ou convaincus d'avoir vollé leurs Maiftres, ils feront pour jamais exclus de parvenir à la Maiftrife, & leurs condamnations feront tranfcriptes fur le Regiftre de laCommunauté pour y avoir recours quand befoin fera, Et ne pourront les Compagnons & Apprentifs teindre ny reteindre pour eux & à leur profit, en leurs maifons, dans les boutiques, ny ailleurs, à peine de punition exemplaire : Et fi un Maiftre veut donner congé à un Compagnon, il fera tenu l'advertir par écrit un mois auparavant, & fi ledit Compagnon veut fortir, fera même advertiffement. Toutesfois en cas d'infuffifance dudit Compagnon, pourra le Maiftre le mettre dehors huitaine apres l'en avoir adverti ; auquel cas que ledit Maiftre donnera congé audit Compagnon, ou autres de fes Ouvriers ; Ledit Maiftre ne pourra contraindre le nouveau Maiftre fous lequel fon Ouvier ira travailler de luy payer fur ce qui luy fera deub que la huitiéme partie du fallaire du travail dudit Compagnon ou Ouvrier, & au contraire, fi ledit Compagnon & Ouvrier quitte fon Maiftre en luy donnant congé, fera le nouveau Maiftre tenu de payer comptant à fon dernier Maiftre tout ce qui luy fera deub par ledit Ouvrier & Compagnon, avant que de pouvoir employer ledit Compagnon, à peine de quarante-huit livres parifis d'amande. Et filedit Compagnon eft obligé à gages audit Maiftre par acte paffé pardevant Notaire, ledit acte fera executé pour tout le temps porté par iceluy, fans que ledit Compagnon fe puiffe prevaloir du contenu cy-deffus.

prentif & *Compagnon*

XCII.

Le temps d'aprentiffage & de compagnon en la maniere dite cy-deffus, eftant expiré, l'afpirant qui voudra eftre receu Maiftre dudit Art fera Chef-d'œuvre en prefence des Maiftres Iurez en charge, & de fix anciens qui auront paffé par les charges, & de trois modernes, lequel Chef-d'œuvre fera fait & compofé par ledit afpirát, fçavoir d'affeoir une Cuve deinde ou fleurée, la bien vfer & tirer iufques à ce que ledit Chef-d'œuvre foit entierement accomply ; ce qui fe fera pendant cinq ou fix iours

Maiftrif & *Chef-d'œuvre*

T

au plus, & estant veu & visité & reconnu bon par les Iurez en
charge, & les six anciens Maistres, l'aspirant sera receu à la
Maistrise à la pluralité des voix, & paiera les droits accoustumez ainsi qu'ils seront reglez par le Iuge de la Police sans en
pouvoir recevoir d'avantage, à peine de cent livres d'amande,
puis prestera le serment pardevant ledit Iuge de Police qui luy
déliurera sa Lettre de reception à la Maistrise, sans faire aucun
festin devant, pendant ny après ledit Chef-d'œuvre & reception, à peine contre ledit aspirant de suspension à la Maistrise
pour vn an, & de cinquante livres d'amande contre chacun des
Maistres qui auront accepté ledit festin, dont sera délivré executoire par le Iuge de Police, après la preuve sommaire qu'il
sera tenu d'en faire, & s'il arrivoit contestation pour la Reception de Chef-d'œuvre, il sera veu & visité par ledit Iuge de
Police ou autre par luy commis à cet éfet.

XCIII.

Les Fils de
Maist. es.

LES fils de Maistres seront receus à ladite Maistrise faisant
vne experience de Teinture pendant deux jours, en presence
des Gardes ou Iurez en charge, & de quatre anciens qui auront
passé par les charges, & après avoir satisfait aux droits portez
par le Reglement du Iuge de Police, ils presteront le serment,
& leur seront leurs Lettres délivrées, Pourront les Veufues des
Maistres continuer le Negoce & Art de la Teinture tout ainsi
que pouvoient faire leurs deffunts maris, sans pouvoir neantmoins faire aucuns Aprentifs, mais seulement faire achever
en leurs maisons ceux passez, & commancez par leurs deffunts
maris, & en cas que lesdites Veufues quitassent ledit Commerce & Art, elles seront tenuës de remettre les Brevets & Aprentifs entre les mains des Maistres Iurez en charge pour leur
estre pourveu d'vn autre Maistre, & achever de seruir les Maistres le temps porté par lesdits Brevets.

XCIV.

Boutiquet.

AVCVNS desdits Maistres & leurs Veufves ne pourront
occuper plus d'vne boutique, maison ny ouvroir de Teinture,
& pourront mettre au devant desdites boutiques tel tapis
qu'ils jugeront necessaires & autres choses dependantes dudit
Art, sans prester leurs noms à qui que ce soit sous pretexte de

particulé ny autreiment à peine de cent livres d'amande, & ſeront
exempts du droit de hault ban.

XCV.

LES Maiſtres Gardes ou Iurez en charge, s'aſſembleront au
Bureau de leur communauté vne fois la ſemaine, & plus ſou-
vent s'il eſt neceſſaire pour conferer des affaires d'icelle, ouïr
les plaintes & denonciations qui leur ſeront faites par les Maiſtres, Veufues de Maiſtres, Compagnons, ou Aprentifs dudit
eſtat touchant le fait d'iceluy, pour eſtre reglez par leſdits Iurez en charge à l'amiable, s'il leur eſt poſſible. Et au cas qu'il arrive quelques affaires de conſequence concernant ledit Corps
& Communauté, leſdits Gardes & Iurez en charge aſſembleront les Maiſtres qui auront paſſé par les charges les deux dernieres années, & ſix autres au moins, des plus notables auſquels
ils propoſeront leſdites affaires, & les reſoudront à la pluralité
des voix, & ce qui ſera ainſi fait ſera executé par tous les autres
Maiſtres & tranſcrit ſur ledit Regiſtre de la Communanté, ſur
lequel le preſent Reglement ſera auſſi tranſcript avec la liſte de
tous les Maiſtres dudit Art, à chacun deſquels leſdits Maiſtres
Iurez en charge ſeront tenus de délivrer une coppie dudit preſent Reglement vne fois ſeulement, aux frais & dépens de la
Communauté, de laquelle coppie leſdits Maiſtres ſeront tenus
de ſigner la reception ſur ledit Regiſtre portant leur ſubmiſſion
de l'executer, à peine de trente livres d'amande contre ceux qui
ſeront refuſans de le faire, meſme d'interdiction de la Maiſtriſe
juſques à ce qu'ils y ayent ſatisfait.

XCVI.

ET pour obſeruer vn ordre dans la direction des affaires de
ladite Communauté des Marchands & Maiſtres Teinturiers, les
papiers, titres & contracts d'icelle ſeront mis par inventaire en
vn coffre fermant à deux clefs qui ſera dans la chambre de ladite Communauté, dont l'une ſera entre les mains de l'un des
Gardes ou Iurez Teinturiers en ſoye, & l'autre entre les mains
de l'un des Gardes ou Iurez Teinturiers en Laine pour la premiere année, & la ſeconde aux Iurez Teinturiers en Fil alterna-
tivement entre leſdits Teinturiers en Laine & Fil ſeulement, &
perpetuellement en celle du Iuré Teinturier en Soye, leſquels
gardiens deſd. clefs ſeront tenus de ſe trouver en la chambre du

la Cōmunauté pour l'ouverture dudit coffre toutesfois & quātes, & celuy auquel on delivrera des papiers estans dans iceluy & concernans ladite Communauté en donnera son Recepicé, qui contiendra les causes pourquoy on les aura donnez.

XCVII.

Amendes.

TOUTES les amandes & confiscations adjugées pour les contraventions aux presens Statuts & Réglemens, & en consequence d'iceux seront aplicables, sçavoir moitié à sa Majesté, vn quart aux Iurez qui en auront fait faire la saisie, & l'autre quart aux pauvres du lieu où les Iugemens seront rendus.

XCVIII.

Assemblée pour la Police des Teinturers.

A FIN de connoistre si les Gardes ou Iurez Teinturiers en Soye, Laine & Fil se seront bien & deüment aquitez du devoir de leur commission, dans les villes où il y a & aura cy-après corps & Communauté de Marchands Maistres Teinturiers en Soye, Laine & Fil, les Officiers qui auront droit de connoistre des Manufactures feront assembler pardevant eux aux lieux ordinaires & accoustumez pour les assemblées au mois de Ianvier de chacune année vn Marchand Mercier, & vn Marchand Maistre Ouvrier en Soye, & les Gardes ou Iurez Teinturiers en charge, avec ceux qui seront sortis de charge l'année precedente, & six autres personnes de l'vne & l'autre Communauté tels qu'ils les voudront choisir avec deux notables Bourgeois, afin que lesdits Marchands & Teinturiers en charge informent l'assemblée de l'estat auquel seront lesdits Teinturiers, de leur progrès, des moyens qu'ils iugeront les plus propres pour leur perfection ; & de l'execution ou des contraventions aux presens Statuts & Reglemens qu'ils auront remarquez. Comme aussi des remedes qu'ils iugeront necessaires pour estre sur le tout par ladite assemblée donné son avis, ce fait en dresser procès verbal, & ordonner par lesdits Iuges de Police des Manufactures ce qu'il appartiendra par raison, dont sera fait mention sur les Registres des Communautez desdits Marchands Merciers, Marchands Ouvriers en Soye & des Marchands Maistre Teinturiers en Soye, Laine & Fil, & dû tout lesdits Officiers de Police des Manufactures envoyeront une expedition au Surintendant des Arts & Manufactures de France vn mois après lesdites Assemblées, le tout gratuitement & sans frais.

EXTRAIT

EXTRAIT DES REGISTRES
du Conseil d'Estat.

11. Iuillet 1669. Arrest de renvoy aux Officiers de la Police du Chastelet.

LE Roy ayant esté informé par les Marchands Maistres Ouvriers en draps d'or, d'argent, & de soye de ses villes de Paris, Lyon & Tours, que la deffectuosité des Teintures de soyes & laines qu'ils employent ausdites Manufactures & autres Estoffes est si grande, qu'il leur est tout à fait impossible de les faire dans leur perfection à cause que leurs teintures n'y sont pas moins necessaires pour leur beauté & bon vsage que leur propre fabrique, à quoy il est tres-important de remedier : Ce qui semble ne se pouvoir mieux faire qu'en approuvant par sa Majesté le projet de Statut & Reglement general des Teintures de toutes les soyes laine & fil de son Royaume, qui sont employées tant ausdites Manufactures qu'aux tapisseries & autres ouvrages qui luy a esté presenté, & faisant sur iceluy expedier par sa Maiesté ses Lettres Patentes pour le faire registrer dans ses Cours de Parlement, observer & executer dans toute l'estenduë de son Royaume : A quoy sa Maiesté voulant pourvoir, & ne rien obmettre de ce qui peut perfectionner lesdites Manufactures, & en augmenter le commerce dedans & dehors son Royaume, SA MAJESTE' EN SON CONSEIL ROYAL de Commerce a renvoyé & renvoyé ledit projet de Statuts & Reglemens general au Lieutenant du Prevost de Paris pour la Police, & au Procureur de sa Maiesté au Chastelet, pour y donner leur advis, & iceux vûs & rapportez estre pourvû ainsi qu'il appartiendra par raison. Fait au Conseil d'Estat du Roy, tenu à S. Germain en Laye le 22. jour de Iuillet 1669. Signé BERRIER.

2. Aouſt
1669. Advis
des Officiers
de la Police
du Chaſtelet.

Advis des Officiers de Police.

VEv par Nous Gabriel Nicolas de la Reynie, Conſeiller
du Roy en ſes Conſeils d'Eſtat & Privé, Maiſtre des Re-
queſtes ordinaire de ſon Hoſtel, & Lieutenant de Police de la
Ville, Prevoſté & Vicomté de Paris : Et Armand Iean de
Riants auſſi Conſeiller du Roy en ſes Conſeils, & ſon Procureur
du Roy au Chaſtelet de Paris, les Articles cy-deſſus tranſcrits au
nombre de quatre-vingt dix-huit, preſentez à ſa Majeſté par
les Marchands Maiſtres Ouvriers en draps d'or, d'argent &
ſoye de cette ville de Paris, Lyon & Tours, à ce qu'il luy
pleuſt les approuver, & faire expedier ſur iceux ſes Lettres
Patentes en forme de Statuts, Ordonnances & Reglemens
pour les Teintures des ſoyes, laine & fil : L'Arreſt du Conſeil
du vingt-deuxiéme Iuillet dernier, par lequel le Roy en ſon
Conſeil Royal du Commerce nous a renvoyez leſdits Articles, pour ſur iceux donner noſtre avis : La Requeſte à nous
preſentée par ledit Procureur du Roy, par laquelle il nous
auroit requis avant que donner noſtre avis, que les Maiſtres
& Gardes des Marchands Maiſtres Ouvriers en draps d'or, d'argent & de ſoye, & les Iurez des Marchands Maiſtres Teinturiers
en ſoye, laine & fil de ladite Ville de Paris fuſſent oüis en ſa
preſence ſur leſdits Articles, & apres avoir entendu les uns &
les autres ſur iceux.

Noſtre advis eſt ſous le bon plaiſir de ſa Majeſté, que leſdits
Articles ſont neceſſaires pour le reſtabliſſement & perfection
des Teintures des draps & autres eſtoffes & ouvrages de ſoyes,
tant pour l'uſage & conſommation qui s'en fait dans le Royaume, que pour en augmenter le commerce dans les Païs Eſtrangers. FAIT à Paris le 2. Aouſt 1669.
Signé, DE LA REYNIE, & DE RIANTS.

Lettres Patentes approbatives defdits Reglemens & Statuts.

LOVIS par la grace de Dieu Roy de France & de Navarre, A tous prefens & à venir, Salut : Les Marchands Maiftres Ouvriers en Draps d'or, d'argent & de foyes, Nous ont reprefenté que la perfection des teintures des foyes qu'ils employent aufdites manufactures & autres eftoffes & ouvrages de foyes, eft fi importante, que fans cela il leur eft impoffible de les faire d'une parfaite beauté & bon ufage, ny d'en augmenter le debit, tant en France, que dans les païs Eftrangers : C'eft pourquoy il eft tres-neceffaire de remedier promptement aux abus qui fe commettent aufdites Teintures; Comme auffi aux Teintures des laines qu'ils employent en quelques-unes defdites Manufactures, conformément aux Articles, en forme de Statuts, Ordonnances & Reglement general pour toutes lefdites Teintures qu'ils en ont dreffez, lefquels ils Nous auroient prefentez, & fuppliez tres-humblement les vouloir approuver, & fur iceux faire expedier nos Lettres à ce neceffaires. A CES CAVSES, de l'avis de noftre Confeil de Commerce, qui a veu & examiné lefdits Articles au nombre de quatre-vingt dix-huit, l'Arreft de noftredit Confeil du 22. Iuillet dernier, portant renvoy d'iceux au Lieutenant de Police, & à noftre Procureur au Chaftelet de Paris pour y donner leur advis : ledit advis eftant au bas defdits Articles du deuxiéme du prefent mois d'Aouft 1669. Le tout cy-attaché fous le Contre-féel de noftre Chancellerie : Nous avons par ces prefentes fignées de noftre main, & de noftre grace fpeciale, pleine puiffance & authorité Royale, approuvé & confirmé, approuvons & confirmons lefdits Articles de Statuts, Ordonnances & Reglemens pour les Teintures des foyes, laine & fil. VOVLONS que dans toute l'étendue de noftre Royaume, Terres & Seigneuries de noftre obeïffance, ils foient gardez, obferuez & executez de poinct en poinct felon leur forme & teneur. SI DON-

NONS en mandement à nos Amez & Feaux Conseillers les
Gens tenans noftre Cour de Parlement de Paris, que ces prefentes & lefdits Articles de Statuts, Ordonnances & Reglemens ils faffent lire, publier, regiftrer, garder & obferver, fans
contrevenir ny fouffrir qu'il y foit contrevenu : nonobstant
toutes chofes à ce contraires, aufquelles nous auons dérogé
& dérogeons : Et parce que des préfentes & defdits Statuts &
Reglemens l'on pourroit avoir affaire en plufieurs lieux : Voulons qu'aux copples collationnées d'iceux par l'uñdc nos A-
mez & Feaux Conseillers & Secretaires, foy fera ajoûtée comme
aux Originaux : CAR tel eft noftre plaifir. Et afin que ce foit
chofe ferme & ftable à toûjours, Nous avons fait mettre noftre Scel à cefdites prefentes. DONNE' à faint Germain en
Laye au mois d'Aouft l'an de grace 1669. Et de noftre Regne
le vingt-feptiéme. Signé, LOVIS. Et fur le reply, Par le Roy,
COLBERT. Et fcellées du grand Sceau de cire verte en lacs de
foye rouge & verte. Et à cofté Vifa, SEGVIER.
Pour fervir aux Lettres patentes en forme d'Edit, portant approbation
de divers Reglemements & Statuts fur les Teintures des Soyes, Laines
& Fil.

*L*eu, *publié, regiftré, ouï, & ce requérant le Procureur Ge-*
neral du Roy, pour eftre executé felon fa forme & te-
neur. A Paris en Parlement, le Roy y feant en fon Lit de Iu-
ftice, le 13. Iour d'Aouft 1669.

            Signé, DV TILLET.

      Collationné aux Originaux par moy Conseiller
        Secretaire du Roy, Maifon, Couronne de
      France & de fes Finances.

34

www.ingramcontent.com/pod-product-compliance
Lightning Source LLC
Chambersburg PA
CBHW071234200326
41521CB00009B/1476